جەنگی ڕۆحی

دێرک پرنس

وەرگێڕانی لە ئینگلیزییەوە: نەریمان تاهیر

ئەمە وەرگێڕانێکە لە کتێبی

Spiritual Warfare

Published by Derek Prince Ministries–UK 2017
PO Box 393, Hitchin SG5 9EU I www.dpmuk.org
Printed in the United Kingdom

ISBN 978-1-78263-388-4
Product Code: T36

- ناوی کتێب: جەنگی ڕۆحی
- نووسەر: دێرک پرنس
- وەرگێڕ: نەریمان تاهیر
- چاپی یەکەم، ٢٠١٦
- تیراژ: (٥٠٠ دانە)
- چاپخانە: ( )
- ژمارەی سپاردن: ( )

ناوەڕۆک

بەشی شازدەیەم: چەکی ستایشکردن

بەشی حەڤدەیەم: چەکی وازدان

بەشی هەژدەیەم: چەکی شایەتیدان

وەرزی یەکەم

سروشتی جەنگەکە

بەشی یەکەم

دوو شانشینی دژیەک

لە پەیمانی نوێدا بە چەندین شێوە باس لە گەلی خودا کراوە. بۆ نموونە لە ئەفەسۆسدا گەلی خودا بەم شێوانە وێنەی کراوە: کۆمەڵی یاسادانەر، خێزان، پەرستگا و بووکی مەسیح. بەڵام لە کۆتا وێنەدا لە ئەفەسۆس، گەلی خودا بە سوپا شوبهێنراوە.

ئەم سوپایە دەبێت لە جەنگێکی جیهانیدا بەشداری بکات کە کاریگەری هەیە لەسەر هەموو بەشیکی ئەم دنیایەی کە تێیدا دەژین. لەڕاستیدا دەتوانین بڵێین کە وشەی "دنیا" لە ئاست فراوانی و بەربلاوی ئەم جەنگەدا نییە. تەنیا بە زەوییەوە ناوەستێت بەڵکو دەچێتە دەرەوەی زەوی و تا ئاسمانەکانیش پەلدەکێشێت. دەتوانین بڵێین ئەو وشەیەی کە دەقیق وەسفی ئەمە بکات "دنیا" نییە بەڵکو "گەردوون"ـە. هەموو گیتی لەخۆ دەگرێت.

(ئەفەسۆس ٦: ١٠- ١٢) بەڕوونی ئەم جەنگەمان پێدەناسێنێت و وەسفی سروشتەکەیمان بۆ دەکات.

"١٠لە کۆتاییدا لە مەسیحی باڵادەست و لە هێزە گەورەکەی بەهێزبن، ١١بە چەکی تەواوی خودا خۆتان چەکدار بکەن، تاکو بتوانن بەرامبەر پیلانی شەیتان خۆتان ڕابگرن."

لێرەدا پۆڵس بە بێ هیچ دوودڵییەک و بەدڵنیاییەوە دەڵێت کە هەموو مەسیحییەکان لە جەنگێکدا تێوەگلاون کە پێویستمان بە چەکی پێویست و گونجاوە و هەروەها ئاماژە بەوەش دەکات کە خودی شەیتان دوژمنەکەمانە. پاشان پۆڵس لە ئایەتی ١٢ بەردەوام دەبێت و باسی سروشتی ئەم جەنگەمان بۆ دەکات:

"١٢چونکە زۆرانبازی ئێمە لەگەڵ گۆشت و خوێن نییە، بەڵکو لە دژی سەرۆکەکان، لە دژی دەسەڵاتداران، لە دژی فەرمانڕەوایانی ئەم تاریکییەی جیهانە، هەروەها لە دژی سەربازە بەدکارە ڕۆحییەکانە لە ئاسمان."

لەم ئایەتەدا ڕوونە کە ئێمەی مەسیحی لە جەنگێکی گەورەدا تێوەگلاوین کە پێویستی بە سەرنج و تێڕامانی تەواوە

ماوەیەکی زۆر لە (ئەفەسۆس ٦: ١٢) ڕاماوم و تەواو سەرنجم داوە و لێکۆڵینەوەم لە دەقە بنەڕەتییە یۆنانییەکەی کردووە، بەجۆرێک کە خۆم ئەم ئایەتەم بەم شێوەیەی خوارەوە وەرگێڕاوە، دەتوانی پێی بڵێیت "دێرک ڤێرژن[1]."

[1] دێرک پرنسی نووسەر لێرەدا مەبەستی ئەوەیە وەک چۆن چەندین چاپی جیاوازی کتێبی پیرۆزمان هەیە دەتوانین ئەمەش بکەینە ناوی چاپێکی دیکەی. کە لە ڕاستیدا تەنیا بۆ خۆشی ئەمە دەڵێت.

"چونکە زۆرانبازی ئێمە لەدژی گۆشت و خوێن نییە. لەگەڵ جەستەدا نییە بەڵکو دژی دەسەڵاتدارەکانە بە هەموو جۆرێکەوە، دژی سەرۆکە یەک لە دوای یەکەکانە دژی زاڵمە دنیاییەکانی ئەم تاریکیەی ئێستا؛ دژی هێزە ڕۆحییە بەدکارەکانە لە شوێنەکانی ئاسماندا."

ڕێگەم بدە کە پێت بڵێم بۆچی هەندێک لەو وشانەم هەڵبژاردووە. من دەڵێم "دەسەڵاتدارەکان بە هەموو جۆرێکەوە، سەرۆکە یەک لە دوای یەکەکان"، چونکە وێنەی پاشایەتییەکی تەواو بەهێز و چەسپاو دەکات کە دەسەڵاتدار و فەرمانڕە جیاوازەکان و جێگرەکانیان حوکمی ناوچە جیاوازەکانی خاکەکەیان دەکەن. هەروەها وشەی "زاڵم"م بەکارهێناوە لە "زاڵمە دنیاییەکانی ئەم تاریکییەی ئێستا،" چونکە دەستەواژەی "زاڵم" زۆر بە ڕوونی وەسفی شێوازی هەڵسوکەوتی شەیتان دەکات لەگەڵ مرۆڤدا.

سەرنجی ئەوە بدە کە زۆربەی چاپەکانی کتێبی پیرۆز پێداگری لەسەر ئەوە دەکات کە بنکەی سەرەکی ئەم پاشایەتییە چەسپاو و جێگیرە لە شوێنەکانی ئاسمانن.
چەند خاڵێکمان لە (ئەفەسۆس ٦: ١٢)ەوە بۆ دەردەکەوێت. یەکەم: ململانێ و کێشماکێشەکە هەموو مەسیحییەک دەگرێتەوە- تەنیا هەندێ گروپی تایبەتی وەکو مزگێنیدەر و قەشە و موژدەدەر ناگرێتەوە- بەڵکو هەر هەموومان دەگرێتەوە. ژمارەیەکی زۆر لە مەسیحییەکان بەم شێوەیە لەم مەسەلەیەیان نەڕوانیوە.

کینگ جەیمس ڤێرژن[2] لە (ئەفەسۆس ٦: ١٢)دا دەڵێت: "**چونکە زۆرانبازی ئێمە لەگەڵ جەستە و خوێن نییە ....**"
جارێکیان بیستم کە کەسێک دەیوت زۆربەی مەسیحییەکان بەهەڵە لەم ئایەتە تێگەیشتوون. لە دوای بەشی یەکەیمی ئایەتە خاڵێک دادەنێن و دەڵێن وایە، ئەوە جەنگی ئێمە نییە. بە واتایەکی دیکە، تاکە شتێک کە ئێمەی مەسیحی دەبێت بیکەین ئەوەیە کە لەسەر کورسی کەنیسە دابنیشین و گۆرانی و سرود بڵێین و ستایشی خودا بکەین. بەڵام پۆڵسی نێردراو دەڵێت: "ئێمە لە بەربەرەکانێدایین، لە زۆرانبازیداین. بەڵام لە دژی جەستە و خوێن نییە."

هەروەها سەرنجی ئەوە بدەن کە لە (KJV)دا "زۆرانباز"ی بەکارهێنراوە. زۆرانبازی توندترین و سەختترین جۆری یەککەوتنی نێوان دوو کەسە. هەموو ئەندامانی جەستە و هەموو فەن و تەکنیکێک دەبێت لەپێناو بردنەوەدا بەکاربهێنرێت. زۆرانبازی واتە بەربەرەکانیی و کێشماکێشێکی تەواو.

شەیتان شانشینێکی تەواو ڕێکوپێک و جێگیری هەیە. لەو شانشینەدا چەندین ئاست و ناوچەی جیاوازی حوکمدان هەیە. بنکەی سەرەکی ئەم شانشینە هەرێم و ناوچەکانی ئاسمانە. ئەوە ڕاستییەکی سەرسوڕهێنەر و تەواو ڕوونە.
ئەو ڕاستییەی کە شەیتان خاوەنی شانشینێکی ڕێکوپێک و چەسپاوە، سەری هەندێک لە خەڵکی گێژ دەکات و سەریان سوڕ دەمێنێ، سەرەڕای ئەوەی کە چەندین جار لە کتێبی پیرۆزدا ئاماژەی بۆ کراوە و ڕوونکراوەتەوە.

---

[2] یەکێکە لە چاپەکانی کتێبی پیرۆز کە مێژووەکەی دەگەڕێتەوە بۆساڵی (١٦٠٤- ١٦١١ز).

له (مەتا ١٢: ٢٢- ٢٨) ئەم ڕووداوە لە خزمەتەکەی مەسیحدا تۆمار کراوە. عیسای مەسیح پیاوێکی کەڕ و لاڵی چاک کردەوە کاتێک ڕۆحە پیسەکەی لێی کردە دەرەوە.

"[٢٣]خەڵکەکە هەموو سەرسام بوون و گوتیان: ئەمە کوڕی داود نییە؟ [٢٤]بەڵام فەریسییەکان کە ئەمەیان بیست، گوتیان: ئەمە ڕۆحی پیس دەرناکات، مەگەر بە بەعلزەبولی شای ڕۆحە پیسەکان نەبێت."

مانای ورد و تەواوی بەعلزەبول بریتییە لە "خواوەندی مێشەکان." ئەم ناوە تایبەتە بە شەیتان کاتێک کە دەسەڵاتی هەیە بەسەر ڕۆحە پیسەکاندا بەجۆرێک کە ڕۆحە پیسەکان بەراورد دەکرێت بە قەڵەمڕەوی تەواوی مێرووەکان. لە ئایەتی **٢٥**دا مەسیح بەم شێوەیە وەڵامی فەریسییەکان دەداتەوە:

"[٢٥]بەڵام عیسا بە بیرکردنەوەی ئەوانی زانی، پێی فەرموون: هەر شانشینێک دووبەرەکی تێدابێت، وێران دەبێت، هەر شارێک یان ماڵێک دووبەرەکی تێدابێت، خۆی ڕاناگرێت. [٢٦]ئەگەر شەیتان، شەیتان دەربکات، ئەوا دووبەرەکییان تێدایە، کەواتە چۆن شانشینییەکەی خۆی ڕادەگرێت؟"

ئەم ئایەتە بۆمان ڕووندەکاتەوە کە یەکەم: شەیتان خاوەنی شانشینە. دووەم: شانشینێکی پەرتوبڵاوی نییە بەڵکو تەواو ڕێکوپێکە. سێیەم: شانشینەکەی جێگیر و چەسپاوە و هێشتا لەناونەبردراوە و نەڕووخێنراوە. مەسیح بەردەوام دەبێت و دەفەرموێت:

"[٢٧]ئەگەر من بە بەعلزەبول ڕۆحی پیس دەربکەم، ئەی کوڕەکانتان بە کێ دەریاندەکەن؟ لەبەرئەوە ئەوان دەبنە دادوەرتان. [٢٨]بەڵام ئەگەر من بە ڕۆحی خودا ڕۆحی پیس دەربکەم، ئەوا پاشایەتی خودا هاتووەتە سەرتان."

مەسیح لێرەدا ئاماژە بە شانشینێکی دیکە دەکات، شانشینی خودا. بەتایبەتی وەسفی خاڵێک دەکات کە تێیدا کێشماکێش و دووبەرکییەکە لەنێوان ئەم دوو شانشینەدا ئاشکرا دەبێت. عیسای مەسیح دەفەرموێ: **"ئەگەر من بە ڕۆحی خودا ڕۆحی پیس دەربکەم، ئەوا پاشایەتی خودا هاتووە."**

ئەمە واتای ئەوەیە کە دەرکردنی ڕۆحە پیسەکان هێز و توانای شانشینی شەیتانی ئاشکرا کرد و دەریخست کە شانشینی خودا لەسەرووی شانشینی شەیتانەوەیە چونکە ڕۆحە پیسەکان لەژێر دەسەڵاتی شانشینی خودا دەرکران. لە شیکردنەوەی کۆتاییدا بۆمان دەردەکەوێت کە دوو شانشینی دژ بەیەک هەن: شانشینی خودا و شانشینی شەیتان.

دیسان لە (کۆلۆسی ١: ١٢- ١٤) پۆڵسی نێردراو دەڵێت:

"[12]سوپاسی باوکەکە بکەن، ئەوەی شایستەی کردین بۆ هاوبەشی کردنی میراتی پیرۆزکراوان لە ڕووناکیدا. [13]ئەوەی لە دەسەڵاتی تاریکی دەربازی کردین و ئێمەی بۆ شانشینی کوڕە خۆشەویستەکەی گواستەوە، [14]لە ئەودا کڕاینەوە، واتە لێخۆشبوونی گوناه."

سەرنج بدە کە دوو قەڵەمڕەو یان دوو شانشنین هەیە. شانشینی ڕووناکی کە میراتەکەی ئێمەی لێیە، بەڵام شانشینی تاریکییش هەیە. وەرگێڕانی وشەی قەڵەمڕەو لە یۆنانیدا دەبێتە (exusia) کە بە واتای "دەسەڵات" دێت. بە واتایەکی دیکە، بمانەوێ و نەمانەوێ شەیتان خاوەن دەسەڵاتە. ئەو فەرمانڕەوا و حوکمڕانی ئەو شانشینەیە کە کتێبی پیرۆز دەیناسێنێت. هەربۆیە ئەم دوو شانشینە لە جەنگێکی کوشندەدان لەگەڵ یەکتردا، هەروەها ئەم جەنگە لە ڕۆژانی ئێمەدا دەگاتە بەرزترین ئاستی خۆی کاتێک ئەم سەردەمە کۆتایی پێدێت.

بەشی دووەم

بنکەکانی شەیتان

لە (ئەفەسۆس ٦: ١٢)دا پۆڵس تەواو ڕوونی کردوەتەوە کە ئێمەی مەسیحی لە جەنگێکی مان و نەماندایین لەگەڵ شانشنێکی ڕێکوپێک و ڕێکخراودا کە شەیتان و ڕۆحە پیسە یاخییەکان فەرمانڕەوایی دەکەن، هەروەها بنکە سەرەکییەکانی ئەم شانشینە لە شوێنەکانی ئاسمانن. دەستەواژەی "شوێنەکانی ئاسمان" لە مێشکی مەسیحییەکاندا کێشەیەکی تایبەتی دروست دەکات. ئەگەر شەیتان ماوەیەکی زۆر لەمەوپێش لە ئاسمان دەرکراوە، کەواتە چۆن دەتوانێ لە شوێنەکانی ئاسمان شوێن داگیر بکات؟

ڕێگەم بدەن ئەم پرسیارە لەڕێگەی ئاماژەدان بە هەندێ دەقی کتێبی پیرۆز وەڵام بدەمەوە کە وەسفی ئەو پێشهاتە دەکات کە ماوەیەکی زۆر دوای یەکەم یاخیبوونی مرۆڤ (کەوتنی مرۆڤ) و سەرپێچیکردنی شەیتان و پاشان دەرکردنی لەلایەن خوداوە ڕوویدا. ئەم دەقانە دەریدەخەن کە شەیتان هێشتا لە ئاسماندا ئیزنی چوونە خزمەتی خودای هەبوو. (یاقوب ١: ٦-٧) دەڵێت:

"[٦]ئەوە بوو ڕۆژێکیان فریشتەکان هاتن بۆ ئەوەی لەبەردەم یەزدان بوەستن، شەیتانیش لەگەڵیان هات. [٧]جا یەزدان بە شەیتانی فەرموو: لەکوێوە هاتیت؟ شەیتانیش وەڵامی یەزدانی دایەوە: لە گەڕان لەسەر زەوی و هاتوچۆکردن تێیدا."

ڕێک هەمان ڕووداو لە (یاقوب ٢: ١- ٢) دیسان تۆمارکراوە:

"[١]ئەوە بوو ڕۆژێکیان فریشتەکان هاتن بۆ ئەوەی لەبەردەم یەزدان بوەستن، شەیتانیش لەگەڵیان هات. [٢]یەزدان بە شەیتانی فەرموو: لەکوێوە هاتیت؟ شەیتانیش وەڵامی یەزدانی دایەوە: لە گەڕان لەسەر زەوی و هاتوچۆکردن تێیدا."

کەواتە لەو کاتەدا، لە سەردەمی یاقوبدا، شەیتان ڕێگەی پێدراوە کە ڕاستەوخۆ بچێتە خزمەتی خودا. کاتێک فریشتەکان هاتنە خزمەتی خودا و ڕاپۆرتی خۆیان پێشکەشی یەزدان کرد، شەیتانیش لەوێ بوو. دەقەکە وا دەریدەخات کە فریشتەکانی دیکە شەیتانیان نەناسیوەتەوە. لەمە زۆر باش تێدەگەم، چونکە لە (دووەم کۆرنسۆس ١١: ١٤)دا، پۆڵس دەڵێت کە شەیتان گۆڕا و بوو بە "فریشتەی ڕووناکی." ئەم دەقە دەرکی ئەوەی پێبەخشیم کە تێبگەم لەوەی کە لەو کاتەدا تەنیا خودا شەیتانی ناسیوەتەوە. وادەردەکەوێت کە شەیتان لەڕێگەی گۆڕینی ڕووخسارییەوە توانیویەتی خۆی لەگەڵ فریشتەکانی دیکەدا بگونجێنێت و نەناسرێتەوە.

خودا بە شەیتانی فەرموو: "لەکوێوە هاتوویی؟" بە جۆرێکی دیکە "لێرە چی دەکەیت؟" یەزدان دەستبەجێ شەیتانی لەوێ نەکردە دەرەوە بەڵکو قسەی لەگەڵ کرد. بەم شێوەیە دەزانین کە شەیتان لەکاتی یاقوبدا دەیتوانی بچێتە خزمەت یەزدان.

"[10]جا گوێم لە دەنگێکی بەرز بوو لە ئاسماندا دەیفەرموو: ئێستا ڕزگاری و هێز و شانشینی خودامان و دەسەڵاتی مەسیحەکەی هاتووە، چونکە ئەو سکاڵاکارەی لە خوشک و براکانمان، کە شەو و ڕۆژ لەبەردەم خودامان سکاڵای لێیان دەکرد، فڕێدرایە خوارەوە (ئاشکراکردن ١٢: ١٠)."**

"سکاڵاکەری خوشک و براکانمان" واتە شەیتان. سەرنجی ئەوە بدەن کە لەو کاتەدا هێشتا شەیتان لە خزمەت خودادا شەو و ڕۆژ سکاڵای لە گەلی خودا کردووە.

(ئاشکراکردن ١٢: ١١- ١٢) بەردەوامی پێدەدات:

"[11]ئەوان بە خوێنی بەرخەکە وبە وشەی شایەتییان بەزاندییان، تا مردنیش ژیانی خۆیان خۆشنەویست.[12]بۆیە ئەی ئاسمان و ئەوانەی تێیدا نیشتەجێن، دڵخۆش بن! بەڵام قوڕ بەسەر زەوی و دەریا، چونکە ئیبلیس بۆتان دابەزیوە! تووڕەییەکی گەورەی پێیە، چونکە دەزانێت کاتێکی کورتی هەیە."

ئەم ئایەتە دەرخەری ئەو ڕاستییەیە کە شەیتان دەتوانێت بڕواتە خزمەت یەزدان، و ئەو ڕۆیشتنەی بۆ خزمەتی خودا بەکاردێنێت بۆ سکاڵاکردن لە دژی گەلی خودا. ڕوونە کە هەموو ئەو ئایەتانەی لە سەرەوە ئاماژەم پێکردن دەگەڕێتەوە بۆ سەردەمێکی زۆر دوای یەکەم یاخی بوونی شەیتان (کەوتنی مرۆڤ). کەواتە وەڵام چییە؟ ئایا لە ئاسمانێک زیاتر بوونی هەیە؟ لەو باوەڕەدام کە وەڵامی ئەم پرسیارە لە کتێبی پیرۆزدا تەواو ڕوونە. لە نموونەدا، یەکەم ئایەتی کتێبی پیرۆز (پەیدابوون ١: ١) دەڵێت: **"لە سەرەتادا خودا ئاسمانان و زەوی بەدیهێنا."** وشەی عیبری بۆ ئاسمانان بریتییە لە (Shamayim). (im) نیشانەی کۆیە کە لە کۆتایی وشەدا بەکاردێت. یەکەم جار کە باس لە ئاسمان دەکرێت، بە کۆ دەناسێنرێت.

لە (دووەم پوختەی مێژوو ٢: ٦)دا سلێمان سەبارەت بە تەرخانکردنی پەرستگاکە بۆ یەزدان، بەم شێوەیە نوێژ دەکات و دەڵێت:

"[6]بەڵام کێ دەتوانێت پەرستگایەکی بۆ بنیاد بنێت، چونکە ئاسمان و ئاسمانی ئاسمانەکان جێی ئەویان تێدا نابێتەوە!"

لێرەوە ڕوونە کە زیاتر لە یەک ئاسمان بوونی هەیە، ئەوەتا دەڵێت "ئاسمانی ئاسمانەکان." وشەی "ئاسمان" لە "ئاسمانی ئاسمانەکان"دا، دەریدەخات کە وەکو چۆن ئاسمان لە سەرووی زەوییەوەیە، بە هەمان شێوە ئاسمانی دیکە لە سەرووی ئاسمانەوە هەیە.

لە (دووەم کۆرنسۆس ١٢: ٢- ٤) پۆڵس وردتر لەسەر ئەمە دواوە:

"[2]مرۆڤێک دەناسم لە مەسیحدا، پێش چواردە ساڵ بۆ ئاسمانی سێیەم فڕێنرا، ئایا بە لەشەوە یاخود بێ لەش، نازانم، خودا دەزانێت. [3]دەزانم ئەم مرۆڤە، بە لەشەوە یاخود بێ لەش، نازانم، خودا دەزانێت؛ [4]بۆ بەهەشت فڕێنرا، قسەیەکی بیست کە دەرنابڕدرێت و مرۆڤ نابێت باسی بکات."

پێش ئەوەی ببم بە قەشە، لۆژیک و ژیربێژی لەلای من قسەی یەکەم و کۆتایی دەکرد، هەندێ کات ناتوانم خۆم لە لۆژیک دووربگرم. لۆژیک قایلی کردم کە ئەگەر ئاسمانی سێیەم لەئارادا بێت ئەوا ئاسمانی یەکەم و دووەمیش بوونی هەیە. هەربۆیە، لانی کەم سێ ئاسمان بوونی هەیە. وادیارە کە سێیەم ئاسمان بەهەشتی لێیە، ئەو شوێنەی کە پیرۆزکراوان تێیدا نیشتەجێن، هەروەها شوێنی نیشتەجێبوونی خودایە.

(ئەفەسۆس ٤: ١٠) باس لە مردن و هەستانەوەی عیسای مەسیح دەکات:

"[١٠]ئەوەی دابەزی هەر خۆی بەرزبووەوە بۆ سەر هەموو ئاسمانەکان، تاکو هەمووی پڕ بکاتەوە."

تیشک بخە سەر "هەموو ئاسمانەکان." وشەی "هەموو" تەنیا کاتێک ڕاستە کە ئەگەر بۆ سێ دانە بەکاربێت. کاتێک دەرسی ئینگلیزیم بە هەندێ قوتابی ئەفریقی لە وڵاتی کینیا دەوتەوە، جارێکیان قوتابییەک پێی وتم: "هەموو دایکان و باوکانم بۆ بینینم هاتوون." منیش پێم وت: "ناتوانی بڵێی 'هەموو دایکان و باوکان' چونکە هیچ کەسیک لە دایک و باوکێک زیاتری نییە، ئەگەر تەنیا دوو دانەت هەیە ئەوا ناتوانی بڵێی 'هەموو'." هەمان شت لە دەستەواژەی "هەموو ئاسمانەکان"دا ڕاستە. لانی کەم دەبێت سێ ئاسمان هەبن. باوەڕم وایە ئەمە لە تەواوی کتێبی پیرۆزدا بابەتێکی ڕوون و ئاشکرایە. لەمەوە وەڵامی ئەو پرسیارەمان دەستدەکەوێت کە ئایا چۆن شانشینی شەیتان هێشتا لە شوێنەکانی ئاسمانە.

ئەوەی کە سێ ئاسمان بوونی هەیە، بۆچوونی منە و پەیوەست نییە بە هیچ بنەما و ڕێبازێکی تایبەتەوە. بەڵام لەو باوەڕەدام کە ئەمە بۆچوونێکی بەجێیە و لەگەڵ ڕاستییە زانراوەکانی کتێبی پیرۆز و تەجروبەی مندا یەکدەگرێتەوە. ئەو سێ ئاسمانانە چین؟ ئاسمانی یەکەم بریتییە لە ئاسمانی دیار و سروشتی لەگەڵ خۆر و مانگ و ئەستێرەکان، کە ئێمە بە چاوی خۆمان دەیبینین.

لە (دووەم کۆرنسۆس ١٢)ەوە دەزانین کە ئاسمانی سێیەم شوێنی نیشتەجێبوونی خودایە. بەهەشتە، شوێنی کەسە پیرۆزە تایبەتەکانە.

ئێستا تەنیا دووەم ئاسمان ماوە. ڕوون و ئاشکرایە کە دووەم ئاسمان دەکەوێتە نێوان یەکەم و سێیەمەوە. واتە ئاسمانی سێیەم کە شوێنی نیشتەجێبوونی خودایە لەگەڵ ئاسمانی یەکەم کە لە زەویەوە بە ڕوونی دەبینرێت بەیەک دەگەیەنێت. هەروەها لەو باوەڕەدام کە ئاسمانی دووەم ئەو شوێنەشە کە بنکە سەرەکییەکانی شەیتانی لێیە. ئەمە هۆی ئەو ڕوون دەکاتەوە کە بۆچی لەکاتی نوێژکردندا هەست بە کێشماکێش و ململانێیەکی زۆر دەکەین. زۆر جار لەوە تێناگەین کە گەیشتن بە خودا چەندە زەحمەتە. هەندێ جار دەبێنین نوێژێک دەکەین کە ویستی خودای لەسەرە، باوەڕمان وایە کە خودا گوێی لە نوێژەکەمان بووە، بەڵام سەرەڕای ئەوانەش وەڵامی نوێژەکەمان درەنگ وەردەگرینەوە. دەکرێت زیاتر لە یەک هۆکار لەئارادابن بەڵام هۆکارێکی سەرەکی لە تەجروبەی باوەڕدارێکی بەهێز و چەسپاوەوە بۆ ئەوە دەگەڕێتەوە کە ئێمە لە جەنگ و کێشماکێشداین و بنکە سەرەکییەکانی شانشینی شەیتان کەوتوەتە نێوان ئاسمانی بینراو و شوێنی نیشتەجێبوونی خودا.

بەشی سێیەم

جەنگی فریشتەکان

پەرتووکی دانیال نموونەیەکی تایبەتی لە جەنگی ڕۆحی باس کردووە کە تیشکی زیاتر دەخاتە سەر شوێنی شانشینی خودا. لەڕاستیدا باسی جەنگی فریشتەکان دەکات. دانیال لە بەشی ١٠ی پەرتووکەکەیدا، باس لەوە دەکات کە خۆی تەرخانکردووە بۆ نوێژکردن و داوا لە خودا دەکات کە بینینێکی لەسەر گەلی ئیسرایيل پێببەخشێت. سێ هەفتەی تەواو خۆی تەرخانکرد بۆ نوێژکردن و چاوەڕێی وەڵامی خودای دەکرد. کە ئەو سێ هەفتەیە کۆتایی هات، فریشتەیەکی خودا هات کە وەڵامی نوێژەکەی دانیالی لابوو. فریشتەکە ئەوەندە بەهێز و شکۆداربوو کە هەموو ئەوانەی لەگەڵ دانیال بوون پرژوبڵاو بوونەوە، تەنیا ئەو مایەوە تاکو بینینەکە وەربگرێت. (دانیال ١٠: ٢- ٦) دەڵێت:

"[٢]لەو ڕۆژانەدا، من کە دانیالم سێ هەفتەی تەواو شیوەنم گێڕا. [٣]هیچ خواردنێکی خۆشم نەخوارد، گۆشت و شەراب نەچووە دەممەوە، بۆنم لە خۆم نەدا هەتا سێ هەفتەکە تەواو بوو. [٤]لە ڕۆژی بیست و چواری مانگی یەکدا کاتێک لەسەر کەناری ڕووبارە گەورەکە بووم کە دجلەیە، [٥]سەرم هەڵبڕی و تەماشام کرد، پیاوێک کەتانی لەبەردا بوو، پشتێنێکی زێڕی ئوفازیشی لە کەمەری بەستبوو. [٦]لەشی وەک زەبەرجەد، ڕووی وەک شێوەی بروسکە، چاوەکانی وەک چرای ئاگر، قۆڵ و قاچەکانی وەک بریسکەی بڕۆنزی سافکراو بوون و هەروەها دەنگیشی وەک دەنگی حەشاماتێک بوو."

وەک پێشتر ئاماژەم پێکرد، هاوڕێکانی دانیال هیچ کامیان خۆیان لەبەردەم شکۆی فریشتەکەدا ڕانەگرت و دیارنەمان. پاشان فریشتەکە دەستی کرد بە قسەکردن لەگەڵ دانیال. ئەوەی کە من دەمەوێ تیشکی بخەمە سەر ئایەتی (١٢- ١٣)یە کە دەڵێت:

"[١٢]پێی گوتم: ئەی دانیال، مەترسە. چونکە هەر لە یەکەم ڕۆژەوە کە مکوڕ بوویت تێبگەیت و لەبەردەم خوداکەت خۆت زەلیل کرد، پاڕانەوەکەت بیسترا، منیش لەبەر ئەمانە هاتووم."

گرنگە کە بزانین لە یەکەم ڕۆژی نوێژکردنی دانیالەوە، خودا نوێژەکەی وەرگرت و فریشتەکە بە وەڵامی نوێژەکەوە نێردرا، بەڵام فریشتەکە سێ هەفتەی پێچوو تاکو گەیشتە لای دانیال. بۆچی هاتنی فریشتەکە بیست و یەک ڕۆژی خایاند؟ چونکە فریشتەکانی شەیتان دژی وەستابوونەوە. لەکاتی گەشتەکەیدا لە ئاسمانی خوداوە تاوەکو زەوی، فریشتەکە دەبوا لە شوێنەکانی ئاسماندا بەناو شانشینی شەیتاندا تێپەڕبێت. لەوێ فریشتە خراپەکان لەدژی وەستاونەتەوە و نەیانهێشتووە بەو پەیامەوە بڕوات بۆ لای دانیال. ئایەتی ١٣ بەردەوام دەبێت:

"[١٣]سەرۆکی ڕۆحە پیسەکانی شانشینی فارس ماوەی بیست و یەک ڕۆژ بەرەنگارم بووەوە، ئینجا میکائیل کە یەکێک لە سەرۆک فریشتەکانە بۆ هاریکاریم هات، چونکە من لەوێ لەلای پاشای فارس دواخرابووم."

هەموو ئەمانە لە ئاسماندا ڕوویانداوە. فەرمانڕەوای فریشتەکانی شەیتان ناوی "سەرۆکی شانشینی فارس"ـە کە حوکمڕانی گشتیی فارسە. چەندین "پاشا"ی هەمە چەشن و فریشتەی نزمی دیکە هەن کە هاواستی ئەون یان بەو جۆرەی کە دیارە لەو کەمترن. لەو لاوە، ئەو فریشتەیەی کە لەلای خوداوە هات تاکو یاریدەی فریشتە پەیام هەڵگرەکە بدات، میکایلی سەرۆک فریشتە بوو.

لە (دانیال ١٢: ١)دا لەبارەی میکاییلەوە نووسراوە:

"[١]لەو کاتەدا میکائیلی سەرۆکی گەورەی فریشتەکان هەڵدەستێت، ئەوەی گەلەکەت دەپارێزێت."

میکایل ئەو فریشتە تایبەتەیە کە گەلی دانیال واتە گەلی ئیسراییل دەپارێزێت. میکایل بەجۆرێک لەلایەن خوداوە بەتایبەت دانراوە تاکو ئاگاداری ئیسراییل بێت و بیپارێزێت. چونکە ناوەڕۆکی ئەم بینینە بەندە بە داهاتووی ئیسراییلەوە، ئەوەندە گرنگ بوو بۆ ئیسراییل کە فریشتەکە هەر دەبوا بیگەیاندبایە بە دانیال. هەربۆیە کاتێک فریشتەی یەکەم وەستێنرا، میکایلی سەرۆک فریشتە هات بۆ یارمەتیدانی و لەگەڵ فریشتەکانی شەیتاندا بۆ ماوەی **٢١** ڕۆژ لە جەنگدا بوون. فریشتەکانی شەیتان لەلایەن سەرۆکی شانشینی فارس (حوکمڕانی گەورە)ـەوە بەڕێوەدەبردرا و لە خوار ئەوەوە چەندین پاشای هەمەچەشن و فەمانڕەوای ملکەچ لەوێدا بوون کە دەسەڵاتی جۆراوجۆریان پێسپێردرابوو. بۆ نموونە؛ لە شانشینی فارسدا دەکرێت یەک پاشا لێپرسراوی شارێک یان گروپێکی ئەتنیکی فراوان بووبێت، لەوانەشە پاشایەک لێپرسراوی هەر یەک لە دینە سەرەکییەکان و کۆمەڵەی بێدینەکان بووبێت. ئێستا وێنەی شانشینی زۆر ڕیکوپێک و بەهێزمان لەبەرچاوە کە چەندین دەسەڵاتی جیاوازی هەیە، لە هەموو ئاستەکاندا پلەی فەرمانڕەوایی هەبە؛ نەک سەرەکییەکانی ئەم شانشینە لە شوێنەکانی ئاسمانن، هەروەها ئەم شانشینە وەک بوونەوەرێکی ڕۆحی شکستخواردوو وایە.

فریشتەکە لە (دانیال ١٠: ٢٠) دیسان باسی ئەم جەنگە دەکات و دەڵێت:

"[٢٠]ئەویش گوتی: (ئایا دەزانیت بۆچی هاتمە لات؟ ئێستاش دەگەڕێمەوە و لەگەڵ سەرۆکی ڕۆحە پیسەکانی فارس دەجەنگم ...."

بە واتایەکی دیکە جەنگ لە دژی فریشتە شەیتانییەکە کە ئیمپراتۆریەتی فارسی لەژێردەستدایە هێشتا بەردەوامە. لە ئاسمانەکاندا جەنگی زیاتر بەڕێوەیە. فریشتەکە بەردەوامی پێدەدات:

"[٢٠]...... دوای ئەوەی من دەڕۆم سەرۆکی ڕۆحە پیسەکانی یۆنان دێت."

به جۆرێکی دیکە کاتێک بەسەر ئەم فریشتەیەدا زاڵبووم کە حوکمی ئیمپراتۆریەتی فارس دەکات، ئیمپراتۆریەتی دواتر کە سەرهەڵدەدات بریتییە لە ئیمپراتۆریەتی یۆنان، ئەمەش وەکو فارس فریشتەی خراپی هەیە کە لێپرسراو، یان فەرمانڕەوای یۆنانە.

لە (دانیال ١٠: ٢١)دا ئەو فریشتەیەی کە لەگەڵ دانیالدا قسەی دەکرد، دەڵێت:

"[٢١]بەڵام ئێستا ئەوەت پێ دەڵێم کە لە پەڕتووکی ڕاستیدا نووسراوە. کەس لە دژی ئەم سەرۆکانە پشتگیریم ناکات، جگە لە میکائیلی سەرۆکتان."

لەم ئایەتەوە دیسان دەبینین کە میکاییلی سەرۆک فریشتە بەتایبەتی بەرژەوەندی گەلی خودا (ئیسراییل) دەپارێزێت. هەروەها ئەوەشمان بینی کە یەکێتیی نێوان فریشتەی یەکەم و سەرۆکی فریشتەکان کارێکی کرد کە بتوانن لە شانشینی شەیتاندا بەسەر فریشتە فەرمانڕەوا شەیتانییەکاندا زاڵبن کە دژی بەدیهێنانی مەبەستی خودا بوون بۆ ئیسراییل.

لەوانەیە ئێستا تۆی خوێنەر باسی شانشینی فارس و یۆنانت بەلاوە جێ پرسیار بێت. کەواتە ڕێگەم بدەن بەبیرتان بێنمەوە کە لە پێنج سەدە پێش هاتنی مەسیح بەملاوە، چوار ئیمپراتۆرییەتی گەورە، یەک لە دوای یەک ئۆرشەلیم و ئیسراییلیان داگیرکرد کە بریتی بوون لە ئیمپراتۆریەتی بابل، فارس، یۆنان و ڕۆم. ئیمپراتۆریەتی فارس و یۆنان گرنگتر بوون لە دوانەکەی دیکە چونکە لەو سەردەمەدا ئەمانە ئیمپراتۆریەتی ناجولەکەی داگیرکەر بوون.

لەم دەقانەی دانیالەوە بۆمان دەردەکەوێت کە جەنگەکە بەدەوری گەلی خودا و ویستی خودادا دەسوڕێتەوە. باوەڕم وایە کە ئەمە لە ڕۆژگاری ئەمڕۆشماندا بەردەوامە. لەهەر شوێنێک گەلی خودا و ویستی خودا کاریان کرد، ئەوا جەنگی ڕۆحی لەو شوێنەدا لەوپەڕی سەختیدایە. لەو باوەڕەدام لەم ڕۆژگارەدا کە ئێمە تێیدا دەژین، دیسان ئیسراییل و شاری ئۆرشەلیم ناوەندیی کێشماکێش و جەنگن.

کاریگەری نوێژەکەی دانیال سەرسوڕهێنەرە. کاتێک دانیال لەسەر زەوی نوێژی کرد هەموو ئاسمانەکانی خستە جووڵە هەم فریشتەکانی خودا و هەم فریشتەکانی شەیتان. ئەمە دەروون بینییەکی ترسناکمان دەداتێ لەسەر هێز و توانای نوێژ.

هەروەها بەوە زۆر کاریگەر بووم بەوەی کە وادیار بوو فریشتەکانی خودا پێویستیان بە نوێژی دانیالە تاوەکو بتوانن سەرکەون و ئەرکەکەیان بەجێگەیەنن. دووبارە دەیڵێمەوە، ئەمە دەروون بینییەکی مەزنمان دەداتێ لەسەر کاریگەری و توانای نوێژ.

بەشی چوارەم

چەک و مەیدانی جەنگ

ئێمە لێرەدا باسی دوو سیمای گرێدراوی جەنگی ڕۆحی دەکەین. یەکەم، ئەو چەکانەیە کە دەبێت بەکاریبێنین. دووەم، ئەو مەیدانەیە کە جەنگەکەی لەسەر هەڵگیرساوە. هەردووکیان لە (دووەم کۆرنسۆس ١٠: ٣- ٥) نیشاندراوە.

"[٣]هەرچەندە لە جەستەدا دەژین، بەگوێرەی جەستە ناجەنگین. [٤]چونکە چەکی شەڕکردنمان جەستەیی نییە ......"

سەرنجی ئەوە بدە کە پۆڵس دەڵێت ئێمە لە جەستەدا دەژین و هەروەها لە جەنگداین، بەڵام شەڕەکەمان جەستەیی نییە. هەربۆیە سروشتی ئەو چەکەی کە بەکاریدێنین دەبێت وەڵامدەرەوەی سروشتی جەنگەکە بێت. ئەگەر سروشتی جەنگەکە دنیایی یان ماددی بوو، ئەوا دەتوانین چەکی دنیایی و ماددی بەکاربێنین وەکو تانک و بۆمب و گوللە. بەڵام بەهۆی ئەوەی کە جەنگەکە ڕۆحییە و لە مەیدانیی ڕۆحییدایە، دەبێت چەکەکانیش ڕۆحی بن.

"[٤]چونکە چەکی شەڕکردنمان جەستەیی نییە، بەڵکو هی خودایە و توانای وێرانکردنی قەڵاکانی هەیە، [٥]هەموو بەڵگەیەک و هەر شتێک کە بۆ بەرهەڵستی زانیاری خودا دەربکەوێت لەناوی دەبەین، هەموو بیرێکیش بۆ گوێڕایەڵی مەسیح بە دیل دەگرین."

بە سەرنجدان لەم دوو ئایەتە دەبینین کە چەکەکانمان لەگەڵ جەنگەکەدا دەگونجێت و هەروەها لەگەڵ قەڵاکاندا ڕووبەڕووین.

جەنگەکە لە قەڵەمڕەویی ڕۆحیدایە، هەربۆیە چەکەکانی ڕۆحیین و لەگەڵ ناوچەی جەنگەکەدا دەگونجێت. ئەم چەکانە ئامانجی سەرەکی منە لە دوو بەشی داهاتوودا، "چەکی بەرگری" و "چەکی هێرشکردن."

زۆر گرنگە کە ئێمە لە شوێنی ڕوودانی جەنگەکە تێبگەین. لە باسی مەیدانی جەنگ و ئامانجی باسەکەی ئێمەدا، پۆڵسی نێردراو چەندین شتی لەم بارەوە ڕوونکردۆتەوە. ئەم وشانەی خوارەوە لە چەندین وەرگێڕانی جیاوازەوە وەرمگرتوون: خەیاڵ، ژیربێژی، گومان، بەڵگە، دانایی و هزر. سەرنج بدە کە ئەم وشانە هەموویان تایبەتن بە یەک مەودا ئەویش مەودای مێشکە. شەیتان جەنگێکی فراوانی هەڵگیرساندووە تاکو مێشکی مرۆڤەکان بگرێت و بیانخاتە ژێر ڕکێفی خۆیەوە. شەیتان لەناو مێشکیاندا قەڵا و دژ بنیاتدەنێت، ئێمە وەکو نوێنەرانی خودا بەرپرسیارییەتیمان هەیە لە بەکارهێنانی چەکە ڕۆحیەکاندا کە ئەم قەڵایانە بڕوخێنین و مێشکی مرۆڤەکان ئازادبکەین، پاشانبۆ گوێڕایەڵی مەسیح بەدیلیان بگرین. چ ئەرکێکی سەیر و سەرسامکەرە!

شەیتان بە شێوەیەکی ڕێک و ئەنقەست قەڵا لەناو مێشکی مرۆڤەکاندا بنیات دەنێت. ئەم قەڵا و دژانە لەبەرانبەر ڕاستی موژدەی مەسیح و وشەی خودا دەوەستنەوە و ڕێگەنادەن خەڵکی پەیامی کتێبی پیرۆز وەربگرن.

کتێبی پیرۆز ئاماژە بە چ جۆرە قەڵایەک دەکات؟ لەو باوەڕەدام کە باس لە دوو جۆر قەڵای ناو مێشکی مرۆڤەکان دەکات، ئەوانیش بریتین لە دادوەری پێشوەخت و بۆچوونی پێشوەخت.

دادوەری پێشوەخت واتە ڕەتکردنەوەی ئەو شتەی کە زانیاریت لەبارەیەوە نییە. ئەگەر تۆ یەکەم کەس نیت کە بیرت لێکردۆتەوە، کەواتە مەترسیدارە. ئەگەر هیچ کۆمەڵە خەڵکێک بەم شێوەیە نەبن ئەوا دڵنیابە لەوەی کە پیاوانی ئایینی و ئایینگەراکان بەم شێوەیەن. زۆربەی زۆری ئەو شتانەی کە پیاوانی ئایینی نەیانبیستووە، بە ترس و لەرز و گومانێکی زۆرەوە چاوی لێدەکەن.

نموونەیەکی دیکەی دادوەری پێشوەخت لە وتەیەکی بەناوبانگدایە کە دەڵێت: بە ڕاستییەکان سەرم لێمەشێوێنە، من بڕیاری خۆم داوە، کۆتایی پێ بێنە! کاتێک مێشکی کەسێک پێشوەخت بڕیاری لەسەر شتێک دابێت، ئەوا هیچ بەڵگە و ڕاستی و لۆژیکێک ناتوانێت بڕیارەکەی بگۆڕێت. تەنیا چەکی ڕۆحی دەتوانێت ئەو قەڵایانە لەناوببات. دادوەری پێشوەخت و بۆچوونی پێشوەخت بوونەتە هۆی پەلکێشکردنی خەڵکی و داگیرکردوون و لەناوی بردوون. ڕووداوێکی ڕاستەقینەتان بۆ دەگێڕمەوە کە من زۆر پێی کاریگەرم، هەرچەندە لەوانەیە هۆکارەکەی ئەوە بێت کە من بەرەچەڵەک بەریتانیم.

لە جەنگی ڕاپەڕینەکەی ئەمریکادا، سەربازەکان دژی شۆڕشگێڕ و یاخییەکان دەجەنگان. تێگەیشتنی ئینگلیزەکان بۆ جەنگ ئەوە بوو کە دەبێت جلوبەرگی هەمەڕەنگی سەربازی لەبەربکەن و دەستە دەستە بە لێدانی تەپڵەوە بەرەو مەیدانی جەنگەکە ڕێبکەن. قەناسبەدەستە ئەمریکییەکان خۆیان لەناو سەوزەڵانی و دارەکاندا دەشاردەوە و لە سەربازەکانیان دەدا بەبێ ئەوەی کەس بیانبینێت. بەپێی پێوەرەکانی ئەمڕۆمان ئەوە خۆکوشتنی سەربازیی پێدەوترێت. لەو سەردەمەدا خەڵکی بەس ئەوەندەیان لەمەڕ جەنگەوە دەزانی. قەڵای دادوەری پێشوەخت و بۆچوونی پێشوەخت بوونە هۆی گیانلەدەستدانی هەزاران سەربازی بەریتانی. ئەمە تەنیا نموونەیەکە لە دەمارگرژیی دەروونی کە چۆن خەڵکی بۆ لەناوچوون پەلکێش دەکات.

چەندین نموونەی دیکەی دادوەری پێشوەخت هەیە کە مێشکی خەڵکی دەگرێت و داگیری دەکات، لەوانە؛ فیرقە مەزهەبییەکان، ئایدۆلۆژیای سیاسی و هەڵاواردەی ڕەگەزی. زۆربەی ئەمانە لەنێو خودی مەسیحییەکاندا بەدی دەکرێن.

ماوەیەک لەمەوبەر لە باشووری ئەفریقا وتارم پێشکەش دەکرد. داوام لێکرا کە لەسەر بابەتی فەرمانڕەوا شەیتانییەکان و جەنگی ڕۆحی وتاربدەم. کاتێک لەم بابەتە ڕامام، وادیاربوو خودا ناسنامەی ئەو ڕۆحە شەیتانییەی بۆ ئاشکرا کردم کە حوکمی باشووری ئەفریقای دەکرد کە بریتی بوو لە دادوەری پێشوەخت (دەمارگرژی). دەتوانین بەم شێوەیە پێناسەی تاکی دەمارگرژ بکەین: "دەمارگرژ ئەو کەسەیە کە توند دەستدەگرێت بە تێڕوانین یان باوەڕێکەوە بەبێ لەبەرچاوگرتنی

لۆژیک و ژیربێژی. ئەو باوەڕ و بۆچوونە گرنگی و قورساییەکی زۆری لای ئەو کەسە هەیە." هەروەها دەمارگرژی قەڵایەکە کە شەیتان لە مێشکی خەڵکیدا دروستی کردووە.

دوای ئەوەی ئەم وتارەم پێشکەش کرد، قەشەیەک هات بۆ لام کە شارەزایی تەواوی لەسەر باشووری ئەفریقا هەبوو و لەوێ دەژیا، پێی وتم: "لەمە باشتر مەحاڵە بتوانی تیشک بخەیتە سەر کێشە و گرفتی ئەفریقا، هەڵاوێری ڕەگەزی و دینی و فیرقەیی ئەفریقای پارچەپارچە کردووە. دەمارگرژی کێشەوگرفتی ڕیشەیی ئەم نەتەوەیەیە.

گەلی باشووری ئەفریقا هەتا بڵێی خەڵکێکی شیرین و دڵڕفێنن بەڵام قەڵای دەمارگرژی مێشکیانی داگیرگیردووە. من ناڵێم کە گەلی باشووری ئەفریقا جیاوازان لە خەڵکی دیکە، تەنیا ئەوەیە کە قەڵای تایبەت بە خۆیان هەیە. (دووەم کۆرنسۆس ٤: ٤) دەڵێت:

"[٤]لێرەدا خوداوەندی ئەم ڕۆژگارە بیری بێباوەڕانی کوێر کردووە، تاکو ڕووناکی ئینجیلی شکۆی مەسیحیان بۆ نەدرەوشێتەوە، ئەوەی وێنەی خودایە."

قەڵا ئەو شتەیە کە مێشکی مرۆڤەکان کوێر دەکات تاکو ڕووناکی ئینجیل نەتوانێت لەناویدا بدرەوشێتەوە. کاتێک کەسێک لەو بارودۆخەدا بێت، گفتوگۆکردن لەگەڵیدا لە بێسوود بوون خراپترە. تا زیاتر لەگەڵیان گفتۆگۆ بکەیت زیاتر هەڵەکەیان دووبارە دەکەنەوە و زیاتر لە هەڵەکەیاندا ڕۆدەچن. تاکە ڕێگای ڕزگارکردنی ئەم جۆرە کەسانە بریتییە لە بەکارهێنانی ئەو چەکە ڕۆحییەی کە هەمانە و لەوڕێگەیەوە قەڵاکانی نێو مێشکیان بڕوخێنین.

بەشی پێنجەم

بنەماکانی سەرکەوتن

ئێستا گرنگترین ڕاستی ڕوون دەکەمەوە کە دەبێت بیزانین تاکو دڵنیابین لە سەرکەوتنمان لە جەنگی ڕۆحیدا. لە (کۆلۆسی ۲: ۱۳- ۱۵)دا پۆڵس باسی ئەوە دەکات کە خودا چی بۆ ئێمەی باوەڕدار کردووە لەڕێگەی گیانسپاردنی عیسای مەسیح لەسەر خاچ لەجیاتی ئێمە.

"[13]ئێوەش بەهۆی گوناه و خەتەنە نەکردنی جەستەتان مردووبوون، خودا لەگەڵ مەسیحدا زیندووی کردنەوە، لە هەموو گوناهەکانمان خۆشبوو. [14]ئەو تۆمارەی سڕییەوە کە لە ئەرکەکان لەسەرمان بوو، لە دژی ئێمە بوو، لەم نێوەندە هەڵیگرت و بە خاچەوە بزمارکوتی کرد. [15]سەرۆکەکان و دەسەڵاتدارانی چەککرد و بە ئاشکرا کردنییە پەند، لە خاچدا بەسەریاندا زاڵبوو."

با پێشوەخت ئاگادارت بکەمەوە کە شەیتان ئەوپەڕی هەوڵی خۆی دەخاتەگەڕ کە تۆ ئەم ڕاستییە وەرنەگریت و تێنەگەیت. ئەو نایەوێت هیچ مەسیحییەک لەمە تێبگات، چونکە ئەمە کلیلی شکستدانییەتی. ڕاستییە مەزنە سەرەکییەکە ئەمەیە: **عیسای مەسیح پێشوەخت شەیتانی بەهەموو هێز و دەسەڵاتە خراپەکەیەوە بەتەواوی و بۆ هەمیشە شکستداوە.**

ئەگەر هیچ شتێکت لەبیرنییە، ئەوەت لەبیربێت کە **عیسای مەسیح پێشوەخت شەیتانی بەهەموو هێز و دەسەڵاتە خراپەکەیەوە بەتەواوی و بۆ هەمیشە شکستداوە.** مەسیح ئەمەی لەڕێگەی گیانسپاردنی لەسەر خاچ و ڕشتنی خوێنی و زیندووبوونەوە سەرکەوتووەکەیەوە کرد.

بۆ ئەوەی لەوە تێبگەین کە ئەمە چۆن بەئەنجام گەیشت، دەبێت ئەو چەکە سەرەکییە بناسین کە شەیتان لەدژمان بەکاریدێنێت، ئەو چەکەش بریتییە لە گوناه.

(ئاشکراکردن ۱۲: ۱۰) دەڵێت:

"[10]جا گوێم لە دەنگێکی بەرز بوو لە ئاسماندا دەیفەرموو: ئێستا ڕزگاری و هێز و شانشینی خودامان و دەسەڵاتی مەسیحەکەی هاتووە، چونکە ئەو سکاڵاکارەی لە خوشک و براکانمان، کە شەو و ڕۆژ لەبەردەم خودامان سکاڵای لێیان دەکرد، فڕێدرایە خوارەوە."

"سکاڵاکەری خوشک و براکانمان" کێیە؟ دەزانین کە شەیتانە. پێشتر ئەوەم باسکرد کە شەیتان دەتوانێت بڕواتە خزمەتی خودا و هەروەها ئەرکی سەرەکیی ئەوەیە کە سکاڵا لە ئێمەی شوێنکەوتووانی مەسیح بکات.

بۆچی شەیتان سکاڵامان لێدەکات؟ ئامانجەکانی چین؟ وەڵامەکەی ئەمەیە: سکاڵامان لێدەکات تاکو هەست بە گوناهباربوون بکەین. تا ئەو کاتەی بەهۆی شەیتانەوە ئێمە هەست بە گوناهباربوون بکەین، ناتوانین شەیتان شکست بدەین. گوناه کلیلی شکستدانی ئێمەیە و ڕاستودروستیش کلیلی سەرکەوتنمانە.

خودا لەڕێگەی خاچەوە کێشەی گوناهەکانمانی چارەسەر کرد، بە ڕابردوو و داهاتووشەوە. چۆن خودا گوناهی ڕابردوو چارەسەر دەکات؟ (کۆلۆسی ٢: ١٣) دەڵێت: "**.... لە هەموو گوناهەکانمان خۆشبوو.**"

خودا لە هەموو گوناه و تاوانێکمان خۆش دەبێت چونکە عیسای مەسیح لەجێگەی ئێمە و بە نوێنەرایەتی ئێمە گیانی سپارد، عیسا تاوانی ئێمەی بەئەستۆ گرت و سزای تاوانەکانی ئێمەی بەئەستۆ گرت. چونکە مردنی مەسیح دادوەری خودای ڕازی کرد، خودا دەتوانێت لە هەموو تاوان و گوناهێکمان خۆشبێت بەبێ ئەوەی سازش لە دادوەریی خۆی بکات. یەکەم شت کە دەبێت بیزانین ئەوەیە کە بە باوەڕمان بە عیسای مەسیح هەموو گوناه و تاوانێکمان بە هەموو شێوە و قەبارەیەکەوە بەخشراون.

پاشان خودا چارەسەری داهاتووشی کرد، وەک چۆن لە (کۆلۆسی ٢: ١٤)دا هاتووە:

"[14]ئەو تۆمارەی سڕییەوە کە لە ئەرکەکان لەسەرمان بوو، لە دژی ئێمە بوو، لەم نێوەندە هەڵیگرت و بە خاچەوە بزمارکوتی کرد."

تۆمار، واتە یاساکانی موسا. بەهۆی لەخاچدانی عیساوە، چیتر یاساکانی موسا وەکو مەرجی ڕاستودروست بوون لەگەڵ خودادا بەکارنایەت. تا ئەو کاتەی کە یاساکانی موسا فەرمان بوون، هەموو جارێک بە شکاندنی بچووکترین داواکاری، لەبەردەم خودا گوناهبار دەبووین. بەڵام کاتێک یاساکانی موسا وەکو مەرجی ڕاستودروست بوون لابردرا، خودا دەرفەتی بۆ ڕەخساندین کە دوور لە گوناه بژین چونکە باوەڕمان بە عیسای مەسیح حیسابی ڕاستودروستییەکەمان دەدات.

دوو دەقی پەیوەست بەم بابەتەوە هەن، یەکێکیان (ڕۆما ١٠: ٤)ـە:

"[4]چونکە مەسیح دەرئەنجامی تەوراتە، تاکو ڕاستودروستی بۆ هەموو ئەوانە بێت کە باوەڕ دەهێنن."

ئەمە ئایەتێکی زۆر گرنگە. لەبەرئەوەی مەسیح دەرەنجامی تەواراتە، کەواتە هیچ جیاوازییەک نییە لە نێوان جوولەکە و ناجوولەکە و کاتۆلیک و پرۆتێستانتدا. مەسیح دەرەنجامی تەورات نییە وەکو بەشێک لە وشەی خودا، یان وەکو بەشێک لە مێژووی ئیسرایيل یان هەر مەودایەکی دیکە. مەسیح دەرەنجامی تەوراتە وەکو تاکە ڕێگەیەک بۆ ڕاستودروست بوون لەگەڵ خودا. ئێمە لەسەرمان فەرز نییە کە تەورات بپارێزین تاکو ڕاستودروست بین.

دووەم ئایەت کە پەیوەستە بەم بابەتەوە بریتییە لە (دووەم کۆرنسۆس ٥: ٢١):

"[٢١]ئەوەی گوناهی نەدەناسی خودا لە پێناوی ئێمە کردییە گوناه، تاکو بە بەکبوون لەگەڵ ئەو ببین بە ڕاستودروستی خودا."

ئەمە گۆڕینەوەیەکی خوداییە: مەسیح بە گوناهباریی ئێمە بوو بە گوناه تاکو ئێمە بە ڕاستودروستیی ئەو ببینە ڕاستودروست. هەرکە ئەو ڕاستییەمان وەرگرت کە بەهۆی ڕاستودروستیی مەسیحەوە ڕاستودروست بووین، شەیتان چیتر ناتوانێت وامان لێبکات کە هەست بە گوناهباربوون بکەین. ئیتر شەیتان چەکە بەهێزەکەی پێنامێنێت و چەکەکەی لێوەردەگیردرێتەوە. عیسای مەسیح لەڕێگەی مردنییەوە لەسەر خاچ، سەرۆک و دەسەڵاتدارە ڕۆحییەکانی چەککرد. ئەو چەکە بەهێزەی لێوەرگرتن کە لە دژمان بەکاریاندەهێنا.

ئێستاش دەمەوێ دەرەنجامی سەرکەوتنی مەسیحتان نیشان بدەم کە لە ڕێگەی ئێمەوە ئەنجامی دەدات. پێشوەخت لە (کۆلۆسی ٢: ١٥)دا سەرکەوتنی مەسیحمان بینی:

"[١٥]سەرۆکەکان و دەسەڵاتدارانی چەککرد و بە ئاشکرا کردنییە پەند، لە خاچدا بەسەریاندا زاڵبوو."

زاڵبوون لەڕاستیدا تەنیا سەرکەوتنێکی سادە نییە، بەڵکو ئاهەنگ گێڕان و دەرخستنی ئەو سەرکەوتنەیە کە پێشوەخت بەدەستهاتووە. مەسیح لەڕێگەی مردنی لەسەر خاچ سەرکەوتنی خۆی بەسەر تەواوی شانشینی شەیتاندا بۆ هەموو دنیا دەرخست. بەڵام مەسیح ئەو سەرکەوتنەی لەپێناو خۆی بەدەستنەهێنا، ئەو پێویستی پێی نەبوو. ئەو سەرکەوتنەی لەپێناو ئێمە بەدەستهێنا. مەبەست و ئامانجی خودا ئەوە بوو کە ئەو سەرکەوتنە دەبێت بەدەستبێت و لە ئێمەدا خۆی دەرخات. پۆڵس لە (دووەم کۆرنسۆس ٢: ١٤)دا کە یەکێکە لە جوانترین ئایەتەکان بەلای منەوە، دەڵێت:

"[١٤]بەڵام سوپاس بۆ خودا، ئەوەی هەموو کاتێک ڕابەرایەتیمان دەکات لە کەژاوەی سەرکەوتنی مەسیح، لە هەموو شوێنێک بەهۆی ئێمە بۆنی خۆشی ناسینەکەی بڵاو دەکاتەوە."

سەیر نییە کە پۆڵس دەڵێت "سوپاس بۆ خودا!" یەزدان هەمیشە وادەکات کە ئێمە سەرکەوتنی مەسیح بەسەر شەیتاندا بڵاوبکەینەوە. لەو ئایەتەی سەرەوەدا دوو هاوەڵکارمان هەن: "هەموو کاتێک، هەموو شوێنێک." واتە هیچ کاتێک و هیچ شوێنێک نییە کە ئێمە نەتوانین سەرکەوتنی مەسیح بەسەر شانشینی شەیتاندا بڵاوبکەینەوە.

لە (مەتا ٢٨: ١٨- ٢٠)دا عیسا دەفەرموێت:

"[18]عیسا لێیان نزیک بووەوە و قسەی بۆ کردن: هەموو دەسەڵاتێکم لە ئاسمان و لەسەر زەوی دراوەتێ. [19]کەواتە بڕۆن، هەموو نەتەوەکان بکەنە قوتابی، بە ناوی باوک و کوڕ و ڕۆحی پیرۆز لە ئاویان هەڵبکێشن، [20]فێریان بکەن کە پابەند بن بە هەموو ئەو شتانەی کە ڕامسپاردوون. دڵنیابن من هەموو ڕۆژێک لەگەڵتانم، هەتا کۆتایی ڕۆژگار."

لێرەدا مەسیح دەفەرموێت کە لەڕێگەی مردنی لەسەر خاچ، شەیتانی بێدەسەڵات کردووە، و دەسەڵاتەکەی لێسەندووەتەوە. خودا هەموو دەسەڵاتێکی لە ئاسمان و لەسەر زەوی پێبەخشیوە. پاشان دەفەرموێ: **"کەواتە بڕۆن و هەموو نەتەوەکان بکەنە قوتابی .....**" لەم ئایەتەدا **"کەواتە"** چ واتایەکی هەیە؟ مەسیح دەفەرموێ: "سەرکەوتنم بەدەستهێناوە، بڕۆن و ئەو سەرکەوتنە بەکاربێنن. بڕۆن و لەڕێگەی بەجێگەیاندنی ئەرکەکەمەوە سەرکەوتنم بۆ هەموو دنیا دەربخەن."

ئێستا حەزدەکەم سێ ڕاستی لەبارەی سەرکەوتنی مەسیحەوە ڕوون بکەمەوە. یەکەم، لە تاقیکردنەوەی چۆڵەوانیدا، مەسیح لەجیاتی خۆی شەیتانی شکستدا. بەرەوڕووی شەیتان وەستا، دژی تاقیکردنەوەکەی وەستایەوە و شکستی دا. دووەم، لەسەر خاچ، مەسیح شەیتانی لەجیاتی ئێمە شکستدا، لەبەر خۆی ئەو کارەی نەکرد بەڵکو لەبەر ئێمە. سەرکەوتنەکەی بۆ خۆی نەدەویست چونکە ئەو پێشوەخت سەرکەوتبوو، بەڵام ئەو سەرکەتنەی بۆ ئێمە بەدەستهێنا و بەسەر دوژمنەکەماندا زاڵبوو. لەجیاتی ئێمە دوژمنەکەمانی چەککرد و بە تەواوی چەکەکانی لێ داماڵی و بەئاشکرا ئابڕووی برد. سێیەم، ئێستا بەرپرسیارییەتی ئێمە ئەوەیە کە سەرکەوتنەکەی عیسای مەسیح بەرێوەببەین و نیشانی بدەین.

"[14]بەڵام سوپاس بۆ خودا، ئەوەی هەموو کاتێک ڕابەرایەتیمان دەکات لە کەژاوەی سەرکەوتنی مەسیح، لە هەموو شوێنێک بەهۆی ئێمە بۆنی خۆشی ناسینەکەی بڵاو دەکاتەوە (دووەم کۆرنسۆس ٢: ١٤)."

ئەوەت لەبیرنەچێت کە مەسیح **"لە هەموو کاتێک و لە هەموو شوێنێکدا"** سەرکەوتنی بۆ ئێمە دەستەبەر کردووە.

وەرزی دووەم

چەکی بەرگری

بەشی شەشەم

چەکی تەواوی خودا

پێشتر باسی ئەوەم کرد کە ئێمە وەکو نوێنەری شانشینی یەزدان لەسەر زەوی، لە جەنگێکی فراواندایین لەدژی شانشینێکی تەواو ڕێکوپێک کە شەیتان فەرمانڕەوایەتی. ئەم شانشینە هی بوونەوەرە ڕۆحییە خراپەکانە کە بنکەکانیان لە ئاسمانی دووەمدایە.

مێشکی مرۆڤەکان مەیدانی بەرپابوونی جەنگ و کێشماکێشەکەیە. شەیتان قەڵای دەمارگرژی و بێباوەڕیی لەناو مێشکی مرۆڤەکاندا بنیاتناوە تاکو دووریان بخاتەوە لە وەرگرتنی ڕاستیی ئینجیل. ئەو ئەرکەی کە خودا بە ئێمەی سپاردووە ئەنجامی بدەین ئەوەیە کە ئەم قەڵا دەروونیانە لەناوببەین و خەڵکی لە فێڵوتەڵەکەی شەیتان ڕزگاربکەین و پاشان وابکەین کە ملکەچ و گوێڕایەڵیی مەسیح بن.

توانای ئەنجامدانی ئەم ئەرکە خوداییە بە دوو هۆکارەوە بەندە. یەکەم، لە کتێبی پیرۆزدا تەواو بۆمان ڕوونە کە مەسیح لەسەر خاچ لەجێگەی ئێمە بەتەواوی شەیتانی شکستدا، ئێستا ئێمە بەرپرسیاریەتی ئەوەمان لەسەرە کە ئەو سەرکەوتنەی مەسیح پێشوەخت بەدەستی هێناوە، دەربخەین و بەڕێوەی ببەین. دووەم، دەبێت سوودی تەواو لەو چەکە ڕۆحییانە وەربگرین کە خودا بۆمانی دەستەبەر کردووە. ئەم چەکانە بەسەر دوو دەستەدا دابەش دەبن: چەکی بەرگریکردن و چەکی هێرشکردن. لەم بەشەدا تیشک دەخەینە سەر چەکی بەرگریکردن.

لەم بابەتەدا پشت بە (ئەفەسۆس ٦: ١٠- ١٧) دەبەستین:

"[١٠]لە کۆتاییدا لە مەسیحی باڵادەست و لە هێزە گەورەکەی بەهێزبن. [١١]بە چەکی تەواوی خودا خۆتان چەکدار بکەن، تاکو بتوانن بەرامبەر پیلانی شەیتان خۆتان ڕابگرن. [١٢]چونکە زۆرانبازی ئێمە لەگەڵ گۆشت و خوێن نییە، بەڵکو لە دژی سەرۆکەکان، لە دژی دەسەڵاتداران، لە دژی فەرمانڕەوایانی ئەم تاریکییەی جیهانە، هەروەها لە دژی سەربازە بەدکارە ڕۆحییەکانە لە ئاسمان. [١٣]بۆیە چەکی تەواوی خودا هەڵبگرن، تاکو بتوانن لە ڕۆژی بەدکاردا دژی بوەستن و دوای تەواوبوونی هەموو شتێک، بچەسپێن. [١٤]بە بەستنی پشتێنی ڕاستی بە ناوقەدتان و لەبەرکردنی سپەری ڕاستودروستی بە سنگتانەوە بێت، [١٥]ئامادەیی لە پێ بکەن بۆ ڕاگەیاندنی ئینجیلی ئاشتی، [١٦]لە سەرووی هەموو ئەوانە قەڵغانی باوەڕ هەڵبگرن، بەمە دەتوانن هەموو تیرە گڕدارەکانی شەیتان بکوژێننەوە. [١٧]هەروەها کڵاوی ئاسنینی ڕزگاری و شمشێری ڕۆحی پیرۆز هەڵبگرن کە وشەی خودایە."

لەسەرەتای ئەم دەقەدا پۆڵس دەڵێت: **"بۆیە چەکی تەواوی خودا هەڵبگرن ...."** ئێمە لەگەڵ چەکی تەواوی خودا ڕوبەڕوین. لەوانەیە پێشتر خوێندبێتتەوە کە وتوومە هەرکاتێک وشەی "هەربۆیە، بۆیە"ت لەناو کتێبی پیرۆزدا بینی، دەبێت بزانیت هۆکاری بەکارهێنانی ئەو وشەیە بۆچی دەگەڕێتەوە. هۆکاری هاتنی "بۆیە" لەم ئایەتەدا دەگەڕێتەوە بۆ ئایەتەکەی پێش خۆی کە پۆڵس دەڵێت: "...... **چونکە زۆرانبازی ئێمە لەگەڵ گۆشت و خوێن نییە، بەڵکو لە دژی سەرۆکەکان، لە دژی دەسەڵاتداران، لە دژی فەرمانڕەوایانی ئەم تاریکییەی جیهانە، هەروەها لە دژی سەربازە بەدکارە ڕۆحییەکانە لە ئاسمان."**

لەبەرئەوەی کە لە جەنگێکی مان و نەماندایین لەگەڵ ڕۆحە پیسەکانی شانشینی شەیتاندا، بۆیە فەرزە لەسەرمان و هەروەها خودا داوامان لێدەکات کە بە چەکی تەواوی خودا خۆمان چەکدار بکەین. لەبەر گرنگی ئەمە، پۆڵس لە هەردوو ئایەتی (١١ و ١٣)دا دەڵێت: **"بە چەکی تەواوی خودا، خۆتان چەکدار بکەن."** بێگومان، بەڕوونی کتێبی پیرۆز ئاگاداری کردووینەتەوە کە دەبێت بە چەکی تەواوی خودا خۆمان بپارێزین.

لە (ئەفەسۆس ٦: ١٣)دا پۆڵس هۆکاری زیاترمان بۆ باسدەکات کە بۆچی دەبێت بە چەکی تەواوی خودا خۆمان چەکدار بکەین: **"تاکو بتوانن لە ڕۆژی بەدکاردا دژی بوەستن و دوای تەواوبوونی هەموو شتێک بچەسپێن."**

سەرنجی دەستەواژەی **"ڕۆژی بەدکار"** بدە. پێم وانییە مەبەستی لە ڕۆژی تەنگانە مەزنەکە و ئەو پێشبینیانە بێت کە دەڵێن کارەسات و مەیبەتی زۆر گەورە لەسەر زەوی ڕوودەدەن، (هەرچەندە من باوەڕم بەوە هەیە کە دەکرێت ئەم کارەساتەنە ڕووبدەن.) بەڵام پێم وایە کە "ڕۆژی بەدکار" لەم هەڵوێستەدا دەگەڕێتەوە بۆ شتێک کە هەموو مەسیحییەک تەجروبەی دەکات. ڕۆژی بەدکار ئەو کاتەیە کە دەبێت دژی دەسەڵاتە خراپەکان بوەستیتەوە، ئەو شوێنەیە کە باوەڕەکەت تاقیدەکرێتەوە و ڕوبەڕوی هەموو جۆرە دژایەتی و کێشەیەک دەبیتەوە.

پۆڵس گومانی لەوە نییە کە دەبێت ڕوبەڕوی ڕۆژی بەدکار ببینەوە. ئەمە یەکێک نییە لە هەڵبژاردنەکان بەڵکو فرمانێکی حاشاهەڵنەگرە. هەمیشە بیر لەو نموونەی مەسیح دەکەمەوە کە باسی ئەو دوو پیاوەی دەکرد کە خانوویان دروستکرد. پیاوە گێلەکە خانووەکەی لە سەر لم بنیاتنا، بەڵام داناکە خانووەکەی لەسەر بەرد بنیاتنا. خانووی گێلەکە ڕووخا بەڵام خانووی داناکە نەڕووخا و مایەوە. جیاوازی نێوان ئەو دوو ماڵە پەیوەندی نییە بە جۆری ئەو تاقیکردنەوەیەی کە تووشی بوون، چونکە هەردووکیان ڕوبەڕوی هەمان شت بوونەوە: با و باران و ڕەشەبا و لافاو. بەڵکو جیاوازییەکەیان پەیوەندی بە بناغەی خانووەکانیانەوە هەیە.

لە کتێبی پیرۆزدا هیچ ئاماژەیەک نییە لەسەر ئەوەی کە ئێمەی مەسیحی لەم تاقیکردنەوە ڕزگارمان دەبێت و تووشی نابین. ئێمە ناتوانین لەدەست "ڕۆژی بەدکار" هەڵبێین بەڵکو دەبێت خۆمان ئامادە بکەین تاکو بەسەریدا زاڵبین. لەژێر ڕووناکی ئەمەدا، پۆڵس دەڵێت "بەچەکی تەواوی خودا خۆتان چەکدار بکەن."

پۆڵس لە وێنەکردنی ئەم شەش پێداویستییە جەنگیەدا پشتی بە جەنگاوەری ڕۆمانی ئەو سەردەمە بەستووە کە خۆیان بەمانە تەیاردەکرد:

یەکەم: پشتێنی ڕاستی

دووەم: سپەری ڕاستودروستی

سێیەم: پێڵاوی ئامادەبوون بۆ ڕاگەیاندنی ئینجیل

چوارەم: قەڵغانی باوەڕ

پێنجەم: کڵاوی ڕزگاری

شەشەم: شمشێری ڕۆحی

ئەگەر بە وردی لەمانە ڕابمێنی، لەوە تێدەگەی کە ئەگەر بەم شەش پێداویستییە خۆت تەیاربکەیت، لە کاسەی سەرتەوە تاکو بنی پێت بەتەواوی پارێزراوە، ئەوکات تەنیا یەک کێشەمان دەبێت ئەویش ئەوەیە کە بەشی پشتەوەی جەستە پارێزراو نییە. لە کۆتایی ئەم وەرزەدا لەسەر ئەم بابەتە زیاتر دەدوێم.

بەشی حەوتەم

پشتێنی ڕاستی

یەکەم جۆری پێداویستی بریتییە لە پشتێنی ڕاستی. سەرەتا دەبێت لەوە تێبگەین کە سەربازی ڕۆمانی بۆچی پێویستی بە پشتێن بووە. ئەوەمان نابێت لەبیرچێت کە لەو سەردەمەدا جلی ژنان و پیاوان لانی کەم تا سەر ئەژنۆ درێژ بووە. جلی سەربازەکانیش بەهەمان شێوە درێژ و دەلْپ بوون. کاتێک ئەو سەربازە چەکەکانی بەکاردەهێنا یان لە جەنگدا بووە، دەبوا بەجۆرێک کێشەی ئەو جلوبەرگە درێژە چارەسەر بکات. ئەگەرنا بەرزبوونەوە و چرچ و لۆچیی جلەکەی ڕێگری دەکرد لە بەکارهێنانی چەکەکانی دیکەی.

یەکەم شت کە دەبوا بیکردبا ئەوە بوو کە پشتێنەکەی قایم لە پشتی ببەستێت بەجۆرێک کە جلەکانی چیدیکە ئەمبەر و ئەوبەر نەکات و ڕێگری نەکات لە جووڵەکانی دیکەی. بەستنی پشتێن زەروری بوو و بنەمای شتەکانی دیکە بوو. هەر لەبەرئەمەیە کە پۆڵسیش پێش هەر شتێکی دیکە باسی پشتێنی ڕاستی دەکات.

لە کتێبی پیرۆزدا دەبینین کە چەند جارێک نووسراوە "ناوقەدی بەست، بازووی هەڵکرد"، ئەم ڕستەیە واتای چییە؟

پۆڵس دەڵێت: ڕاستی پشتێنی ئێمە. باوەڕم وایە کە مەبەستی لە واتای جەوهەری و لاهوتیی وشەکە نییە بەڵکو مەبەستی لە ڕاستیی ژیانی ڕۆژانەیە. ڕاستی لێرەدا واتە ڕاستگۆیی، دەستپاکی، دڵسۆزی و کراوەیی و بێ پێچوپەنایی.

ئێمە زۆر جار وەکو کەسی ئایینی باری خۆمان بە دووڕوویی و ڕیاکاری قورس دەکەین. زۆر لەو شتانەی کە دەیڵێین یان ئەنجامی دەدەین مەبەستمان نییە و باوەڕمان پێی نییە بەڵام دەیانڵێین و دەیانکەین تەنیا لەبەرئەوەی کە هەستێکی خۆشی هەیە. پڕین لە ناکۆکی و کلێشەی دینی. زۆر شت هەیە ئەنجامی دەدەین لەبەر خودا نییە یان لەبەرئەوە نیە کەبەڕاستی دەمانەوێ ئەنجامی بدەین، بەڵکو تەنیا لەبەرئەوەیە کە دڵی خەڵکی لەخۆمان ڕازی بکەین. دەتوانم بڵێم هەموو دینەکان کلێشەی تایبەت بە خۆیان هەیە، بۆ نموونە دەڵێین "براکەم، مەسیح هاوکاریت دەکات." هەندێ کات ئەم ڕستەیە هیچ نییە جگە لە خۆ دزینەوە لەڕاستی بابەتەکە، چونکە ئەوە مەسیح نییە کە دەبێت هاوکاری براکەت بکات، بەڵکو ئەوە تۆی کە دەبێت هاوکاری بکەیت.

قسەی دینی، هاوشێوەی ئەوەی سەرەوە وەکو جلی درێژ و دەلْپ وایە. ڕێگریمان لێدەکات و ناهێڵێت ئەو کارانە بکەین کە خودا داوامان لێدەکات. ڕێگە نادات مەسیحییەکی چالاک و کارا و کاریگەر بین. هەروەها ناهێڵێت پێداویستییەکانی دیکەی تەیارکردن بەکاربێنین.

فەرمان پێکراوە، کە پێش هەموو شتێک پشتێنی ڕاستی ببەستین. دەبێت واز لە دووڕوویی و ڕیابازی و کڵێشە دینییەکان بێنین و واز لەو قسە و ئیشانە بێنین کە تەنیا لەبەرئەوەی خۆشە دەیانڵێین و دەیانکەین.

زۆربەی جار ڕاستی، ئازاربەخشە. دەبێت ڕاستیی خۆت نیشانی خەڵکی بدەیت. لەوانەیە تا ئێستا ڕووی ڕاستەقینەی خۆت شاردبێتەوە یان بە ماسکی دینی ڕووی خۆت داپۆشیبێت، بەڵام ئێستا کاتی کرانەوە و ڕاستی و ڕاستگۆییە. پێویستە پشتێنەکەت ببەستیت تاکو چیدیکە ئەم ناکۆکی و ڕیابازییە دینییە خۆی پێتەوە هەڵنەواسێت و ڕێگەت لێنەگرێت لە ئەنجامدانی ئەو شتانەی کە خودا داوات لێدەکات.

بەشی هەشتەم

سپەری ڕاستودروستی

سپەری سەربازی ڕۆمانی یەکێک لە گرنگترین ئەندامەکانی جەستەی مرۆڤ دەپارێزێت، ئەویش دڵە. کتێبی پیرۆز پێمان دەڵێت کە دڵ گرنگییەکی زۆری هەیە لە ژیانماندا، ئەوەتا لە پەرتوکی (پەندەکانی سلێمان **٤: ٢٣**)دا نووسراوە:

"[٢٣]لە سەرووی هەموو چاودێرییەکەوە دڵت بپارێزە، چونکە دڵ سەرچاوەی ژیانە."

بۆ ماوەی پێنج ساڵ لە وڵاتی کینیا مامۆستا بووم کە دەکەوێتە ڕۆژهەڵاتی ئەفریقا. چەند خێڵێکی ئەو ناوچەیەم ناسی و هەندێک لە زمانەکەیان فێربووم. ڕۆژێکیان لەسەر دیواری بەشە ناوخۆیی یەکێک لە قوتابییەکان (پەندەکان **٤: ٢٣**) بە زمانی ماراگۆلیی نووسرابوو. خۆم وشە بە وشە و بە وردی وەرمگێڕایە سەر ئینگلیزی، بۆیە هەرگیز لەبیرم ناچێتەوە. "بە هەموو هێز و تواناتەوە دڵت بپارێزە چونکە هەموو شتێکی ئەم ژیانە لەوەوە سەرچاوە دەگرێت."

ئەو شتەی کە دڵتدایە بڕیاری کۆتایی لەسەر ژیانت دەدات، جا باش بێت یان خراپ. بۆیە پێویستە دڵمان لە هەموو جۆرە خراپییەک بەدوور بگرین. پۆڵس دەڵێت کە دڵمان لەڕێگەی سپەری ڕاستودروستیەوە بپارێزین.

لێرەدا پرسیارەکە ئەوەیە کە ئایا لەم هەڵوێستی دەقەدا مەبەست لە ڕاستودروست چییە. بە خۆشحاڵییەوە پۆڵس لە پەیامێکی دیکەیدا دەگەڕێتەوە سەر بابەتی ئەم چەکە. پۆڵس لە (یەکەم سالۆنیکی **٥: ٨**)دا دەڵێت:

"[٨]بەڵام ئێمەی هی ڕۆژ، با وریابین و سپەری باوەڕ و خۆشەویستی لەبەربکەین ......"

پۆڵس لێرەدا لە ڕوانگەیەکی دیکەوە باسی سپەر دەکات. دەڵێت "سپەری باوەڕ و خۆشەویستی." ئەم دوو دەقە لەیەک بدە: "سپەری ڕاستودروستی" بریتییە لە "سپەری باوەڕ و خۆشەویستی." ئەمە پێمان دەڵێت کە پۆڵس مەبەستی لە چ جۆرە ڕاستودروستییەکە. ئەمە ڕاستودروستی ئیش و کار یان شەریعەتی مەزهەبی نییە بەڵکو ئەم ڕاستودروستییە تەنیا لەڕێگەی باوەڕەوە دەستمان دەکەوێت.

جارێکی دیکە پۆڵس لە (فیلیپی **٣: ٩**)دا باسی ئەم جۆرە ڕاستودروستییە دەکات:

"...... [٩]لە ئەودا بدۆزرێمەوە، نەک بەو ڕاستودروستییەی کە لە شەریعەتە، بەڵکو ئەوەی بەهۆی باوەڕی مەسیحە، ڕاستودروستییەکە لە خوداوەیە و بە باوەڕە."

لەم ئایەتەدا، پۆڵس باس لە هەر دوو جۆرە ڕاستودروستییەکە دەکات. سەرەتا باسی ڕاستودروستی خۆی دەکات کە لە شەریعەتەوە وەریگرتەوە و دەڵێت کە ئەمە بەس نییە. لە جێگرەوەی ئەم جۆرە ڕاستودروستییەدا، باس لەو ڕاستودروستییە دەکات کە لە خوداوەیە و لەڕێگەی باوەڕەوە دەستمان دەکەوێت. پۆڵس مەبەستی لەم جۆرە ڕاستودروستییەیە کاتێک باسی سپەری ڕاستودروستی دەکات کە دەبێتە هۆی پاراستنی دڵمان. تا ئەو کاتەی کە ئێمە سپەری ڕاستودروستی خۆمان لەبەربێت، شەیتان دەتوانێت زەفەرمان پێببات، هەروەها چەندین خاڵی لاوازی ئەو سپەرە پەیدابکات و زۆربەی جار دەتوانێت ئەو سپەرە ببڕێت و زیان بە دڵمان بگەیەنێت. دەبێت سپەرێک لەبەربکەین کە هی ڕاستودروستیی خۆمان نەبێت بەڵکو دەبێت سپەری ڕاستودروستی مەسیح بپۆشین. لە (دووەم کۆرنسۆس **٥: ٢١**)دا دەیخوێنینەوە:

"[٢١]ئەوەی گوناهی نەدەناسی خودا لە پێناوی ئێمە کردییە گوناە، تاکو بە بەکبوون لەگەڵ ئەو ببین بە ڕاستودروستی خودا."

دەبێت بە پشت بەستن بە وشەی یەزدان و بە باوەڕ قبوڵی بکەین کە ڕاستودروستیی خوداین. ئەمە تاکە چەکێکە کە بەپێی پێویست دەتوانێت دڵ و ژیانمان بپارێزێت.

پۆڵس پێفشاری لەسەر ئەوە دەکات کە ئەم جۆرە ڕاستودروستییە تەنیا لەڕێگەی باوەڕەوە دەستەبەر دەکرێت. هەربۆیە، سپەری باوەڕ و خۆشەویستییە. بە هیچ ڕێگەیەکی دیکە ناتوانرێت ئەم ڕاستودروستییە بەدەستبێت.

هەمیشە ئەو نوێژەی کە مەسیح بۆ پەترۆسی دەکات شەوێک پێش لەخاچدانەکەی کارم تێدەکات، کاتێک مەسیح پێی دەڵێت کە هەمان شەو پەترۆس خیانەتی لێدەکات و پشتی تێدەکات. لەشێوەی ئاگادارکردنەوەدا، عیسا فەرمووی: پەترۆس، نوێژم بۆ کردیت." مەسیح نوێژی نەکرد تاکو پەترۆس خیانەتی لێنەکات. لەو بارودۆخانەدا، لەگەڵ زۆربوونی فشارەکان و زانینی لاوازیی کەسایەتی پەترۆس، خیانەت کردن و پشت تێکردنی لە مەسیح شتێکی چاوەڕوانکراو بوو. بەڵام مەسیح نوێژێکی دیکەی کرد، تاکە نوێژێک کە دەتوانێت یارمەتی پەترۆس بدات. عیسا لە (لۆقا **٢٢: ٣١- ٣٢**)دا دەفەرموێت:

"[٣١]شیمۆن، شیمۆن، ئەوەتا شەیتان داوای کردوون، تاکو وەک گەنم لە بێژنگتان بدات، [٣٢]بەڵام من نوێژم بۆ کردیت تاکو باوەڕت نەکەوێت."

سەرنجی ڕستەی "تاکو باوەڕت نەکەوێت" بدە. هەرچەندە پەترۆس ئینکاری لە ناسینی مەسیح دەکات و خۆی لاواز و ترسنۆک دەردەخات، بەڵام هێشتا هەموو شتێک بەدەستدێتەوە تاکو باوەڕەکەی نەکەوێت. بەمە دەڵێن سپەری باوەڕ و خۆشەویستی. باوەڕ پێکهاتەی سەرەکی ئەم سپەرەیە.

ئەم جۆرە باوەڕە کە خەریکین قسەی لەسەر دەکەین تەنیا لەڕێگەی خۆشەویستییەوە کاردەکات. پۆڵس لە (گەلاتیە ٥: ٦)دا دەڵێت:

"[٦]چونکە لە عیسای مەسیحدا خەتەنەکردن و خەتەنە نەکردن سوودیان نییە، بەڵکو ئەو باوەڕە گرنگە کە بە خۆشەویستی کار دەکات."

ئەوەندەی کە من لێی تێگەیشتووم، پۆڵس لەڕستیدا دەڵێت: هیچ جۆرە دابونەریت و مەراسمێکی ئایینی بەتەنیا بەس نییە. ئەو شتە سەرەکییەی کە بەبێ ئەوە لە ژیانی مەسیحیماندا سەرکەوتوو نابین بریتییە لە باوەڕ، باوەڕێک کە لەڕێگەی خۆشەویستییەوە کاردەکات. ئەمە باوەڕێکی تیۆری و ناچالاک نییە بەڵکو باوەڕیکی چالاکە کە لەڕێگەی خۆشەویستییەوە کاردەکات.

تا زیاتر لێی ڕامێنم، زیاتر سەرسام دەبم لە هێز و توانای لێنەبڕاوی خۆشەویستی. زۆرم حەز لە دەقی (گۆرانییەکانی گۆرانییەکان ٨: ٦-٧)ـە کە دەڵێت:

[٦]بمکە مۆر لەسەر دڵت، مۆر لەسەر بازووت، چونکە خۆشەویستی وەک مردن بەهێزە، ئیرەیی وەک گۆڕ سەختە، خۆشەویستی سووتێنەرە، گڕی ئاگرە، وەک ئاگرێکی بەهێزە. [٧]ئاوە زۆرەکان ناتوانن خۆشەویستی بکوژێننەوە، ڕووبارەکان نوقومی ناکەن. ئەگەر مرۆڤ هەموو سامانی ماڵەکەی لە پێناوی خۆشەویستی ببەخشێت، بە بێبەها دادەنرێت."

بیر لەم ڕستەیە بکەوە "خۆشەویستی وەک مردن بەهێزە." مردن ئەو شتەیە کە کەسمان ناتوانین خۆمانی لێلابدەین و دەبێت ڕووبەڕووی ببینەوە. تەنانەت یەک کەسیش لە ئێمە نییە کە بتوانێت لەبەرانبەر مردندا خۆی ڕابگرێت. بەهیچ شێوەیەک ناتوانی خۆتی لێلابدەی. کتێبی پیرۆز دەڵێت کە خۆشەیستی وەکو مردن بەهێزە.

بیر لەمە بکەوە. ناتوانی لەبەرانبەر خۆشەویستیدا خۆت ڕابگریت. هەمیشە داگیردەکات. بە هیچ ڕێگەیەک شکست نادرێت. خۆشەویستی لە هێزە نەرێنییەکانی وەکو تووڕەیی، نەبەخشین، تاڵی، بێهیوایی و خەمۆکی دەتپارێزێت، کە دەبنە هۆی خراپکردنی دڵمان و لەناوبردنی ژیانمان.

لەبیرت نەچێت، کە هەموو شتێکی ئەم دنیایە، لە دڵەوە سەرچاوە دەگرێت.

پۆڵس لە (یەکەم کۆرنسۆس ١٣: ٤- ٨)دا وەسفی ئەم جۆرە خۆشەویستییە دەکات:

"[٤]خۆشەویستی پشوودرێژییە، خۆشەویستی نیانییە. خۆشەویستی ئیرەیی نییە، شانازی نییە، لووتبەرزی نییە. [٥]بەدڕەوشتی نییە، بۆ خۆی داوا ناکات، زوو تووڕە نابێت و خراپەکان تۆمار ناکات .[٦]بە خراپە دڵخۆش نابێت، بەڵکو بە ڕاستی دڵشاد دەبێت. [٧]بەرگەی هەموو شتێک دەگرێت، باوەڕ بە هەموو شتێک دەکات، هیوا بە هەموو شتێک دەخوازێت، بۆ هەموو شتێک ئارام دەگرێت. [٨]خۆشەویستی هەرگیز ناکەوێت."

خۆشەویستی ئەو سپەرەیە کە پێویستمانە سپەرێک کە هەرگیز ناکەوێت. سپەرێک کە هیچ خاڵێکی لاوازی تێدا نییە تاکو شەیتان بتوانێت بیبڕێت و زەفەرمان پێببات. ئەوەی کە پۆڵس دەیڵێت زۆر بەجوانی لەگەڵ وێنەی سپەردا دەگوبجێت. خۆشەویستی هەمیشە پارێزگاری و متمانە دەکات، هەروەها هەمیشە هیوای هەیە و دەمێنێتەوە. کاتێک ئەو سپەرەت لەبەرکرد کە بە خۆشەویستی کاردەکات، هەمیشە دەتپارێزێت. دڵت لە هەموو هێرش و هەوڵدانێکی شەیتان دەپارێزێت و ڕێگەنادات ئەو ناوچە هەرەگرنگەی ژیانت ببڕێت.

بەشی نۆیەم

پێڵاوی ئامادەبوون بۆ ڕاگەیاندنی ئینجیل

بە گشتی پێڵاوی سەربازیی ڕۆمانی، قورس و بەهێز بووە و قەیتانی هەبووە تاکو لە پێیاندا توندوتۆڵ بێت. پێڵاوەکانیان تا بەشی سەرەوەی پووزی پێیان بە قەیتانی چەرم توند دەکرد. پێڵاو بەشێکی گرنگی پێداویستییە سەربازییەکان بوو چونکە بەهۆی ئەم جۆرە پێڵاوەوە دەیانتوانی بەخێرایی ڕێگایەکی زۆر ببڕن. جووڵەی پێدەدان، لەم شوێن بۆ ئەو شوێن بەسانایی دەیانتوانی بڕۆن. دەیانتوانی لە کاتی دیرایکراوی خۆیدا لەو جەنگەدا ئامادەبن کە فەرماندەکەیان ئەمریان پێدەکردن. بیر لە پێڵاو بکەوە، بە پێی ئەمری فەرماندەکەت کە عیسای مەسیحە، ئامادەبوون و جووڵەت بۆ دەستەبەر دەکات. من ئەمەم بە ڕاستی تەجروبە کردووە.

لە کاتی جەنگی جیهانگیریی دووەمدا، لە بیابانەکانی ئەفریقادا بۆ ماوەی دوو ساڵ لە سوپای ئینگلیزدا و لەگەڵ یەکەیەکی سوپا لە نەخۆشخانە خزمەتم دەکرد. هەندێ کات وا ڕێدەکەوت کە بەشەودا لەگەڵ لەشکرێکی چەکداردا خزمەتمان دەکرد کە هێڵەکانی بەرگریی دوژمن زۆر لێمانەوە نزیک بوون. لە بیاباندا، ئاسان نەبوو بزانی هێڵەکانی دوژمن لەکوێن و لە کوێ نین چونکە لە جەنگێکی گەڕۆکدا بووین. هەربۆیە هەمیشە فەرماندەکەمان ئەمری دەردەکرد کە نابێت شەوان پێڵاوەکانمان بکەینەوە و دەبێت لەپێمان بمێنێتەوە. دەبوا بە پۆتینەکانی پێمانەوە بخەوتباین. بێگومان هۆکاری ئەمە ڕوونە. بەگشتی، کاتێک بەدەنگێک لەخەو ڕادەپەڕی لە حاڵەتی ئامادەباشیدا نیت. ئەگەر هاتوو پۆتینەکانت لەپێ نەبێت و هەڵاو بەزمێکی زۆر لەدەورت بێت، ئەوا دەبێت چەندین خولەک لەکاتی بەنرخت لە گەڕان بە دوای پۆتینەکانتدا و پاشان لەپێکردنیان و توندکردنی قەیتانەکانی لە تاریکی شەودا بەفیڕۆبدەیت. بەڵام ئەگەر پێڵاوەکانت لەپێ بێت ئەوا دەستبەجێ ئامادەیت. کلیلەکە بریتییە لە ئامادەیی یان جووڵە.

بەهەمان شێوە ئەمە بەسەر ئەو پێداویستییە ڕۆحییەدا جێبەجێدەبێت کە پۆڵس باسی کردووە. ئەو پێڵاو یان سۆڵەی کە پۆڵس باسی دەکات، پێی دەوترێت "پێڵاوی ئامادەبوون بۆ ڕاگەیاندنی ئینجیل." بە واتایەکی دیکە، واتە تەواو ئامادەبیت. ئێمەی مەسیحی دەبێت بەباشی و بە قووڵی لە ئینجیل تێبگەین. زۆر لە مەسیحییەکان ئیدعای ئەوە دەکەن کە ڕزگاریان بووە و ژیانی نوێیان وەرگرتووە بەڵام ناتوانن بەشێوەیەکی ڕوون و گونجاو باسی شێوازی باوەڕهێنانیان بکەن یاخود نازانن چی بەکەسێک بڵێن کە دەیەوێ باوەڕ بهێنێت. باوەڕم وایە کە "ئامادەبوون" ئەمانە لەخۆدەگرێت: خوێندنی کتێبی پیرۆز و لەبەرکردنی ئایەتەکانی، هەروەها توانای ئەوەت هەبێت کە ڕوون و باش پەیامی ئینجیل بگەیەنیت. سەرنجی ئەوە بدە کە پۆڵس دەڵێت "لەپێکردنی پێڵاوی ئامادەبوون بۆ ڕاگەیاندنی ئینجیلی ئاشتی." ئەم ئینجیلە دەبێتە هۆی چاندنی ئاشتی لە دڵ و هزری ئەوانەی کە باوەڕیان پێی هەیە و گوێڕایەڵی دەبن.

شتێکی یەکلاکەرەوە و حاشاهەڵنەگر لەسەر ئاشتی هەیە ئەویش ئەوەیە تەنیا ئەو کاتە دەتوانین ئاشتی بە بەرانبەرەکەمان ببەخشین کە خۆمان ئاشتیمان هەبێت. ناتوانین شتێک بگوازینەوە بۆ کەسی بەرانبەر ئەگەر هاتوو خۆمان نەمانبوو. دەتوانین قسەی لەسەر بکەین و شلۆقەی بکەین بەڵام ناتوانین بۆ کەسێکی دیکەی بگوازینەوە.

دەقێکی زۆر گرنگ لە (مەتا ١٠: ١٢- ١٣)دا هەیە کە عیسا ئامۆژگاری قوتابییەکانی دەکات و فێریان دەکات چی بڵێن کە بۆ یەکەم جار دەیاننێرێت بۆ ئەوەی پەیامی ئینجیل ڕابگەیەنن. ئەمە بەشێکە لە فێرکردن و ئامۆژگارییەکەی:

"[١٢]کە چوونە ماڵەکە سڵاو بکەن. [١٣]ئەگەر ماڵەکە شایستە بوون، با ئاشتیتان بۆیان بێت، بەڵام ئەگەر شایستە نەبوون، با ئاشتیتان بۆ خۆتان بگەڕێتەوە."

سەرنجی ئەم ڕستە گرنگە بدەن، ئەگەر ماڵەکە شایستە بوون "با ئاشتیتان بۆیان بێت...." دەبێت ئاشتی خۆتی پێبدەیت. کە دەچیتە ماڵێک، ئایا ئاشتیت هەیە تاکو بەوانی ببەخشیت؟ ناتوانی شتێک ببەخشیت و نیشانی بدەیت ئەگەر بێتو خۆت چێژی لێوەرنەگریت.

ڕێگەم بدە بۆ ڕوونکردنەوەی زیاتر نموونەیەکتان بۆ بهێنمەوە. وای دابنێ کە تۆ خانمێکی و لە دووکانێکی گەورەدا خەریکی کڕینی کەلوپەلیت. لە ڕیزی پارەداندا ڕاوەستاویت کە سەرەت بیت و پارەکەت بدەیت، لەلای تۆش ژنێک ڕاوەستاوە کە حاڵی زۆر خراپە و لە لێواری تووڕەییدایە و خەریکە مێشکی دەتەقێت. هەتا بڵێی نیگەران و تووڕە دیارە، لێرەدا خودا داوات لێدەکات کە تۆ هاوکاری ئەو ژنە بکەیت. چی دەکەیت؟ ئایا دەڵێی: "ڕۆژی یەکشەمە وەرە بۆ کەنیسە؟" بەڵام ئەوە کێشەی ئەو چارەسەر ناکات. ئەگەر ئەوە تەنها شتێک بێت کە پێت دەوت، کەواتە تۆ پێڵاوی ئامادەبوونت لە پێ نییە.

هەبوونی پێڵاوی ئامادەبوون واتە کاتێک خودا شتێکت پێدەڵێت دەبێت ڕێک لەو کات و شوێنەدا ئەنجامی بدەیت. پێش هەموو شتێک دەبێت ئاشتیت هەبێت. دەبێت بەجۆرێک بیت کە ئەو هەست بەوە بکات کە تۆ شتێکت هەیە کە ئەو نییەتی لەکاتێکدا زۆری پێویست پێیەتی. خەڵکی دەتوانن هەست بە ئاشتی یەکتری بکەن.

کاتێک ئەو ژنە ئامادەیی وەرگرتنی ئەو ئاشتییەی هەبوو، دەبێت توانای ئەوەت هەبێت کە بە زمانێکی سادە و پاراو و غەیرە دینی پێی بڵێی کە چۆن دەتوانێ ئاشتی پەیدابکات. هەروەها دەبێت توانای ئەوەت هەبێت کە مزگێنیی عیسای مەسیحی پێڕابگەیەنیت. بەمە دەوترێت "لەپێکردنی پێڵاوی ئامادەبوون بۆ ڕاگەیاندنی ئینجیلی ئاشتی."

بەشی دەیەم

قەڵغانی باوەڕ

لە دەقی یۆنانی پەیمانی نوێدا، دوو وشەی جیاواز بۆ "قەڵغان" هەیە. یەکێکیان قەڵغانێکی خڕی بچووکە کە بڵێی نەڵێی لە سەبەتێکی حەسیری گەورەی خڕی تەخت دەچێت. ئەوەی دیکەیان شێوەیەکی لاکێشەیی درێژی هەیە، لە وشەی درگاوە وەرگیراوە چونکە هەر بەڕاستی لە درگا دەچێت. پۆڵس باسی ئەم جۆرە قەڵغانە دەکات کە دەڵێت "قەڵغانی باوەڕ."

سەربازی ڕاهێنراوی ڕۆمانی بەرێکوپێکی دەتوانێت ئەم جۆرە قەڵغانە بەکاربێنێت تاکو چەکەکانی دوژمن نەتوانێت هیچ شوێنێکی ببڕێت. ئەم قەڵغانە سەربازەکە بەتەواوی دەیپارێزێت. پۆڵس مەبەستی لەم جۆرە باوەڕەیە کاتێک لەشێوەی قەڵغاندا باسی دەکات.

کاتێک لەبەرانبەر شەیتان ڕادەوەستین، ئەگەر تەنگی پێهەڵچنین ئەوا دڵنیابە لەوەی کە دەست دەکاتەوە. یەکەمجار، لەوانەیە هێرش بکاتە سەر مێشکمان، دڵمان، جەستەمان یان باری ئابووریمان، بۆیە پێویستمان بە قەڵغانێکە تاکو لەبەرانبەر ئەو هێرشانەدا بمانپارێزێت. شەیتان دەستی بە هەرشوێنێک بگات پەلاماری دەدات. ئەگەر نەتوانێت هێرش بکاتە سەر ئێمە ئەوا هێرش دەکاتە سەر کەسە نزیکەکانمان. ئەگەر تۆ خاوەنی ژن و منداڵی ئەوا شەیتان لە دوای ئەوەی کە دەستی بە خۆت ناگات، هێرش دەکاتە سەر خێزانەکەت. ئەمە شتێکی یەکلاکەرەوەیە و گومانی تێدا نییە. هەروەها یەکێکە لەو ڕێگایانەی کە بەهۆیەوە دەتوانێت دەستی بە تۆ بگات. لەبەر ئەم هۆکارە، دەبێت قەڵغانێکی ئەوەندە گەورەت هەبێت کە بتوانی لەڕێگەیەوە پارێزگاری لە هەموو ئەو شتانە بکەیت کە خودا تۆی کردووە بە بەرپرسیار بەسەریانەوە، وەکو خۆت، خیزانەکەت و هەموو ئەو شتانەی کە پێتی سپاردووە.

جارێکیان خەریک بووم قسەم بۆ ژنێک دەکرد کە ڕۆحی خۆکوشتنی تێدابوو. پاشان بەشێوەیەکی زۆر سەرسوڕهێنەر و بەڕوونی لە ڕۆحەکە ڕزگاری بوو، خۆشی دەیزانی کە لە بەندی ڕۆحە پیسەکە ڕزگاری بووە. هەردووکمان سوپاس و ستایشی یەزدانمان کرد. بۆ ڕۆژی دواتر، ژنەکە سەردانی کردم و ئەم ڕووداوە سەرسامکەرەی بۆ گێڕامەوە. وتی: ڕێک ئەو کاتەی کە لە ڕۆحەکە ڕزگاری بووە، هاوسەرەکەی لەسەر شەقامێکدا خەریکی هاژوشتنی ئوتۆمبێلە پیکەپەکەیدا بووە، هەروەها سەگە ئەڵمانییەکەیان بەپێوە ڕاوەستابوو (هەروەک چۆن هەمیشە سەگ حەزدەکات لە پشت پیکەپەوە بە پێوە بوەستێت). بەهۆکارێکی نادیار، لەکاتی خێرا لێخوڕیندا، سەگەکە لە پیکەپەکە خۆی فڕێداوەتە خوارەوە و دەستبەجێ مردووە.

هەرکە ئەمەی پێوتم، دەستبەجێ زانیم ئەو ڕۆحە خۆکوشتنەی کە ژنەکەی بەجێهێشتووە چووەتە ناو سەگەکە. شەیتان پەلاماری نزیکترین شتی داوە کە دەستی پێگەیشتووە. وانەیەک فێربووم کە بەدڵنیاییەوە پێویست ناکات جارێکی دیکە پێم بوترێتەوە چونکە هەرگیز لەبیری ناکەم.

هەرکاتێک دەمەوێت ڕۆحی پیس لە کەسێک دەرکەم، هەمیشە داوادەکەم کە باوەڕ لەڕێگەی خوێنی عیسای مەسیحەوە هەموو ئەو شتانە بپارێزێت کە پەیوەندی بەو کەسەوە هەیە. هەربۆیە ئیتر ڕووداوی وەک ئەوەی ئەو ژنەم بەسەرنەهاتەوە. ئەمە فێری کردم کە قەڵغانی باوەڕ وەکو قەڵغانێکی گەورەی شێوە درگایی گەورەیە و هەموو ئەو شتانە دەپارێزێت کە خودا بەئێمەی سپاردووە.

باوەڕ دوو جار لە لیستی چەکەکاندا ئاماژەی پێکراوە. سپەر بریتییە لە باوەڕ و خۆشەویستی و قەڵغان بریتییە لە قەڵغانی باوەڕ. دەبێت بە تۆزێک جیاوازییەوە لەهەریەک لە "باوەڕ"ـەکان تێبگەین. سپەر، باوەڕی ڕاستودروستی خۆمانە، بەڵام قەڵغان بریتییە لە باوەڕی پاراستن و فەراهەمکردن بۆ خۆمان و هەموو ئەوانەی کە خودا بە ئێمەی سپاردووە. ئەمەیە کە هەموو شتێک دادەپۆشێت و دەیپارێزێت.

لەسەرەتای خزمەتی ڕادیۆوە بەشێوەیەکی زۆر ڕوون فێری ئەمە بووم. کاتێک خزمەتی ڕادیۆم گرتە ئەستۆ، بەڕاستی سەرنجڕاکێش بوو کاتێک زۆر لە بەرنامە و شتەکانمان لەخۆوە خراپ بوون. ئەو ئامێرانەی کە دەبوا بەباشی ئیشیان کردبا، ئیشیان نەدەکرد. کارمەندەکان نەخۆش کەوتن، پەیامی ڕادیۆ لەڕێڕەوی خۆی لایدا. ڕێکخراوە بەگشتی ڕێکوپێکەکەی ئێمە بوو بە هەڵا و سەرلێشێواوی. بەڵام دواتر بۆم دەرکەوت کە دەبێت قەڵغانی باوەڕ ڕابکێشم و گەورەتری بکەم. هۆکاری هەموو ئە کێشەو گرفتانە شەیتان بوو، ئەو هێرشی دەکردە سەرمان، بەڵام دەستی بە من نەدەگەیشت، هەربۆیە هێرشی کردە سەر ئەو شتانەی کە پشتم پێیان دەبەست و هێرشی دەکردە سەر ئەوانەی کە پشتگیری خزمەتەکەی منیان دەکرد. هەربۆیە قەڵغانی باوەڕم فراوان کرد و هێزی هەڵا و سەرلێشێواویم سەرزەنشت کرد، ئیتر ئاشتی و نەزم گەڕایەوە بۆ ناو خزمەتەکەمان. دیسان فێری دەرسێکی بووم. دەبێت قەڵغانی باوەڕمان لەپێناو پاراستنی تەواو و فەراهەمکردنی تەواو گەورە و فراوان بکەین.

بەشی یازدەیەم

کڵاوی ڕزگاری

پێنجەم بابەت لە کەلوپەلی جەنگی بریتییە لە کڵاوی ڕزگاری. لەمەڕ ئەمەوە چەند ڕاستییەکی بەنرختان بۆ باسدەکەم کە لە گرفت و کێشماکێشی خودی خۆمەوە فێریان بووم.

کاتێک چاو بەو کێشماکێش و گرفتانەدا دەخشێنمەوە کە لە ڕابردوودا تووشم بوون، وشەکانی پۆڵسم لە (ڕۆما ٨: ٣٧) بەبیردێتەوە کە دەڵێت:

"[٣٧]بەڵام لە هەموو ئەمانەدا لەڕادەبەدەر سەرکەوتووین بەهۆی ئەوەی کە خۆشی ویستووین."

پۆڵس مەبەستی لە "لەڕادەبەدەر سەرکەوتوو" چییە؟ واتە نەک تەنیا لە جەنگەکەدا سەردەکەوین بەڵکو لەکاتی کۆتایی هاتینیدا، دەستکەوتمان زیاتر دەبێت لەوەی کە لەکاتی بەشداریکرندا هەمانبوو. لە تەجروبەی شەخسی خۆمدا ئەمەم چەندین جار بۆ سەلماوە.

لە باسی سپەرەکەدا وتمان کە دەبێتە هۆی پاراستنی دڵ. ئێستاش کە سەیری کڵاو دەکەین، دەبینین کە سەر دەپارێزێت و سەریش واتە مێشک. لەراستیدا باسی کڵاوێک دەکەین کە مێشکمان دەپارێزێت.

پێشوەخت ئەوەمان زانی کە ئەو مەیدانەی ئەم هەمووە جەنگەی لەسەر هەڵگیرساوە بریتییە لە مێشکی مرۆڤەکان. لەبەرئەوەی مێشک مەیدانی جەنگەکەیە کەواتە بێگومان دەبێت بەوپەڕی وریاییەوە پارێزگاری لە مێشمان بکەین.

لەکاتی جەنگی جیهانگیری دووەمدا، کاتێک لە نەخۆشخانە خزمەتم دەکرد بە تەجروبە ئەمەم بۆ دەرکەوت. کاتێک کەسیک مێشکی بریندار دەبێت، چیتر ناتوانێت سوودی تەواو لە کەلوپەلەکانی دیکەی وەربگرێت. لەوانەیە سەربازێکی زۆر وریا و کاریگەر بێت و کەلوپەلی سەربازی زۆر باشی پێبێت، بەڵام ئەگەر هاتوو مێشکی بریندار بوو ئەوا زۆر زەحمەتە کە بتوانێت هێز و توانا و کەلوپەلەکانی بەکاربێنێت.

لە ڕوانگەی ڕۆحیشەوە ئەمە بەسەر زۆر لە خزمەتکارە مەسیحییەکاندا جێبەجێ دەکرێت. من شەرەفی ئەوەم پێدراوە کە لە چەندین شوێن و کاتی جیاوازدا بەشداربم لە خزمەتکردن لەگەڵ زۆر خوشک و برای دیکەدا کە بەڕاستی خزمەتکاری ڕاستەقینەی مەسیح بوون. پێموایە کە مزگێنیدەرەکان بەگشتی لەژێر فشاری لەڕادەبەدەری ڕۆحیدان. هەندێ لەو مزگێنیدەرانەی کە من لەگەڵیان خزمەتم کردووە، کەسانێکی تەرخانکراو و گونجاو بوون، کە توانایەکی زۆریان هەبوو و بەڕاستی لەلایەن خوداوە بانگکرابوون بۆ ئەم ئەرکە. بەڵام سەرەڕای ئەمانەش، زۆرجار ڕێگەیان دەدا کە مێشکیان

برینداربکرێت. مەبەستم لەمە ئەوەیە کە ڕێگەیان دەدا ببنە نێچیری خەمۆکی و متمانە نەکردن بە خزمەتکارە مەسیحییەکانی دیکە. ئەم کێشەیەی مێشکیان ڕێگردەبوو لەوەی کە نەتوانن ببن بەو مزگێنیدەر و خزمەتکارەی خودا کە دەیانتوانی ببن. لەبەرئەوەی مێشکیان بریندار بوو، نەیاندەتوانی کەلوپەلەکانی دیکەیان بەکاربێنن.

لە ژیانی شەخسی خۆمدا، بۆ ماوەی چەندین ساڵ کێشماکێش و گرفتێکی گەورەم لەگەڵ خەمۆکی هەبوو. وەکو ئەوە وابوو کە هەورێکی ڕەش یان تەمێکی ڕەش هاتبێتە سەر سەرم، بێسوود و داخراو بووم، وای کردبوو لێم کە بەزەحمەت دەمتوانی لەگەڵ خەڵکدا پەیوەندی دروستبکەم. وای لێکردبووم کە هەست بە بێهوایی بکەم، هەرچەندە لەچەندین لایەنەوە خزمەتکارێکی بەهرەدار و تەرخانکراو بووم بەڵام هەستێکی خراپم هەبوو، بە خۆمم دەوت: "تۆ ناتوانی ئەو کارە بکەی، بەڵام خەڵکی دیکە دەتوانن. هەرگیز سەرکەوتوو نابیت، دەبێت وازبێنێت."

بۆ ماوەی چەندین ساڵ لەگەڵ خەمۆکیدا دەست و پەنجەم نەرم کرد. هەرچیم پێکرا، کردم. نوێژم کرد، بەڕۆژوو بووم، ملکەچی فەرمانەکانی خودا بووم و کتێبی پیرۆزم دەخوێندەوە. ئەوەبوو ڕۆژێک خودا لەڕێگەی بەخشینی بینینێکەوە، کێشەکەمی چارەسەر کرد. خەریکی خوێندنەوەی (ئیشایا ٦١: ٣) بووم:

"[۳]ناردوومی بۆ ئەوەی بە پرسەدارەکانی سییۆن ببەخشم تاجێکی جوان لە جێی خۆڵەمێش، زەیتی دڵخۆشی لە جێی پرسە، هەروەها بەرگی ستایش لە جێی ڕۆحی ورەبەردان ...."

کاتێک نیمچە ڕستەی "ڕۆحی ورەبەردان"م خوێندەوە، شتێک لەناخمدا هاواری دەکرد. وتم: ئەمەیە کێشەی من، ئەمە ئەو شتەیە کە دەبێت خۆمی لێ ڕزگاربکەم." دەقەکانی دیکەی کتێبی پیرۆزم خوێندەوە کە باسی ڕزگاربوونیان دەکرد. نوێژێکی سادەم کرد، خودا بەشێوەیەکی سەروو سروشتەوە لەدەستی ڕۆحی ورەبەردان ڕزگاری کردم.

پاشان بینیم کە پێویستم بە شتێکی تایبەتە بۆ پاراستنی مێشکم. لەبەرئەوەی کە (ئەفەسۆس ٦)م دەزانی، هەربۆیە بە خۆمم وت: "ئەو شتە تایبەتە کە دەتوانێت مێشکم بپارێزێت بریتییە لە کڵاوی ڕزگاری."

پاشان بە خۆمم وت: "لەبەرئەوەی ڕزگارم بووە، کەواتە کڵاوەکەم هەیە مەگەر نە؟ ئایا ئەمە شتێکی خۆمەشیە؟" بەڵام وتم بەو شێوەیە نییە چونکە ئەوەتا پۆڵس نامە بۆ مەسیحیەکان دەنێرێت و پێیان دەڵێت: "کڵاوی ڕزگاری لەسەر بکەن." پاشان خودا ئایەتێکی هاوشێوەی ئەوەی پۆڵسی نیشاندام لە (یەکەم سالۆنیکی ٥: ٨):

"[۸]بەڵام ئێمەی هی ڕۆژ، با وریابین و سپەری باوەڕ و خۆشەویستی لەبەربکەین و هیوای ڕزگاری وەک کڵاوی ئاسنین لەسەر بکەین."

کاتێک دەستەواژەی "هیوای ڕزگاری"م خوێندەوە، دەستبەجێ ڕۆحی پیرۆز بینینێکی پێبەخشیم. بینیم، کە هیوا پارێزەری مێشکە بەڵام باوەڕ پارێزەری دڵە. زۆر جار ئێمە ئەم دوانە لەیەک جودا ناکەینەوە. بەپێی کتێبی پیرۆز، باوەڕ لە دڵدایە: **"لەبەر ئەوەی بە دڵ باوەڕهێنان ئەنجامەکەی بێتاوانبوونە (ڕۆما ١٠: ١٠)."** بەپێی کتێبی پیرۆز، باوەڕ ئەو سپەرەیە کە دڵ دەپارێزێت. بەڵام هیوا پارێزەری مێشکە.

دەبێت پەیوەندی نێوان باوەڕ و هیوا ببینین. (عیبرانییەکان ١١: ١) بە ڕوونی دەڵێت: **[١]کەواتە باوەڕ دڵنیاییە بەوەی هیوامان پێیەتی ...."**

باوەڕ ئەو بناغە سەرەتاییە ڕاستییەیە کە هیوای لەسەر بنیات دەنرێت. ئەگەر ئیمان و باوەڕێکی دروستمان هەبووە ئەوا هیوا و ئومێدێکی دروستیشمان دەبێت. بەڵام ئەگەر باوەڕێکی دروستمان نەبوو ئەوا هیوایەکی دروستیشمان نابێت. لەوانەیە هیوا و ئومێد بە تەنیا بریتی بێت لە خۆزگە و ئاوات بەڵام کاتێک بناغەی باوەڕمان هەبوو، ئەوکات دەتوانین هیوایەکی دروست بنیات بنێین کە بریتییە لە پارێزەری مێشکمان.

حەزدەکەم لەژێر ڕۆشنایی کتێبی پیرۆزدا بەسادەیی هیوا پێناسە بکەم. هیوا واتە بەهێز و بەبێدەنگ چاوەڕوانی هاتنی شتی باش بین بەپشت بەستن بە پەیمانەکانی وشەی یەزدان (کتێبی پیرۆز). واتە بەردەوام گەشبین بین. ئەمە پارێزەری مێشکە. هیوا ئاکارێکی گەشبینانەیە کە هەمێشە لایەنی باشی شتەکان دەبینێت و ڕێگە نادات کە خەمۆکی و گومان و بەزەیی بەخۆدا هاتنەوە بەسەریدا زاڵبن.

پۆڵس لە (ڕۆما ٨: ٢٨) ئاماژەی بە بنەمایەکی تەواوی هیوا کردووە:

"[٢٨]ئێمە دەزانین لە هەموو شتەکان خودا کار دەکات بۆ چاکەی ئەوانەی ئەویان خۆشدەوێت، ئەوانەی بەگوێرەی مەبەستی ئەو بانگکراون."

ئەگەر بەڕاستی بزانین کە هەموو ئەو شتانەی لە ژیانماندا ڕوودەدات خودا وادەکات پێکەوە کاربکەن لە پێناو چاکەی ئێمە ئەوا بێهیوایی بەهیچ شێوەیەک لە ژیانماندا جێی نابێتەوە. ئەوکات لە هەموو حاڵەت و بارێکدا هەر گەشبین دەبیت. گەشبینی ئەو کڵاوەیە کە لە سەرەوە باسمان کرد. کاتێک ئەو کڵاوە لەسەر دەکەین ئەوا سەرمان پارێزراوە لە هەموو هێرشێکی زیرەکانەی شەیتان. لەو نموونەی ئەو هێرشانە: گومان، بێهیوایی، بەزەیی بەخۆدا هاتنەوە و متمانە نەکردن و هتد.

کاتێک ڕۆحی پیرۆز نیشانیدام کە هیوا ئەو کڵاوەیە کە مێشکمان دەپارێزێت، لەڕاستیدا وتارێکی پێشکەش کردم. لەناکاو هەستام و لە پەیمانی نوێدا هەندێ دەقی تایبەت بە هیوام هەڵبژارد. ڕێگەم بدە کە تەنیا باسی چەند دانەیەک لەو ئایەتانەت بۆ بکەم. (ڕۆما ٨: ٢٤) دەڵێت:

"[٢٤]چونکە بە هیواوە ڕزگارمان بوو ....."

واتای ئەم ئایەتە چییە؟ واتە، ئەگەر هیوا نەبوو کەواتە ڕزگاریش نییە. هیوا بەشێکی بنەڕەتییە لە ئەزموونی ڕزگاریی ئێمە. بە پێچەوانەی ئەو ئایەتەوە، ئێستا با سەیرێکی حاڵی ڕزگارنەبوو بکەین لە (ئەفەسۆس ٢: ١٢):

"(پێش ئەوەی مەسیح بناسن) .... بێ مەسیح بوون، لە هاوڵاتییەتی ئیسرائیل بێگانە بوون و لە پەیمانەکانی بەڵێن نامۆ بوون، لە جیهاندا بێ هیوا و بێ خودا بوون."

کەسی ونبوو، بێ مەسیح و بێ هیوا و بێ خودایە. نابێت هەرگیز ئەمە حاڵی شوێنکەوتوانی مەسیح بێت. لەبەرئەوەی کە عیسای مەسیحمان هەیە کەواتە هیوامان هەیە و خودامان هەیە. (کۆلۆسی ١: ٢٧) دەڵێت؛

"بۆ ئەوانەی کە خودا ویستی لەنێو نەتەوەکاندا پێیان بناسێنی کە دەوڵەمەندی شکۆی ئەم نهێنییە چییە، ئەویش مەسیحە کە لەناوتاندایە، هیوای شکۆمەندییە."

نهێنی ڕاستەقینە نهێنی ئینجیل، بریتییە لە "مەسیح لە تۆدا." ئەگەر مەسیحت هەبێت و لەناوتدا بێت ئەوا هیوات هەیە. ئەگەر هیوات نەبێت وەکو ئەوە وایە کە مەسیحت نەبێت و لەناو تۆدا نەبێت. ئەمە واتای ئەوە نییە کە تۆ ڕۆحێکی ونبوویی بەڵام مەبەستم ئەوەیە کە لەناو ئەزموونی رزگاریدا ناژیت. بوونی هیوا لە مێشکدا بەشێکی بنەڕەتییە لە ئەزموونی ڕزگاریت. (عیبرانییەکان ٦: ١٧- ٢٠) دوو وێنەی جوانی هیوای تێدا کێشراوە:

" [١٧]ئاواش خودا ویستی ئەو خواستە نەگۆڕەی خۆی زیاتر بە میراتگرانی بەڵێن پیشان بدات، ئەمەشی بە سوێند چەسپاند. [١٨]لە ڕێگای دوو شتی نەگۆڕ کە خودا ناتوانێ تێیاندا درۆ بکات، بۆ ئەوەی هاندانی گەورەمان هەبێت، پەنامان بردە بەر دەستگرتن بەو هیوایەی کە لەپێشمانە. [١٩]ئەم هیوایە وەک لەنگەر بۆ دەروونمان، چەسپاو و ڕاگرە. دەچێتە ناو شوێنی هەرەپیرۆز لە پشتی پەردەکە، **[٢٠]لەوێدا عیسا پێشتر و لەبری ئێمە چووە ناوی."**

وێنەی یەکەمی هیوا لەم دەقەدا بریتییە لە قوربانگا. بەپێی پەیمانی کۆن قوربانگا شوێنی خۆپاراستنە لە تۆڵەسێنەرانی خوێن. کاتێک هەڵدێیت و پەنا بۆ قوربانگا دێنیت، ئەوا تۆ پارێزراوی و کەس ناتوانێت دەست لێبدات. لەو ئایەتانەی سەرەوەشدا، نووسەری عیبرانییەکان دەڵێت کاتێک هەموو فشارەکان دژی تۆ بوون، ئەوا ڕابکە و برۆ بۆ قوربانگا و دەست بگرە بە قۆچەکانیەوە، ڕێگە مەدە هیچ شتێک جیاتبکاتەوە لێی. قوربانگا واتە هیوا.

وێنەی دووەم: هیوا وەکو ئەو لەنگەرەیە کە سنووری زەمان دەبڕێ و بەرەو ئەزەلییەت هەنگاو دەنێت، و دەڕواتە خزمەت یەزدان. لەم دنیایەدا ئێمە وەکو بەلەمێکی بچووکی ناو دەریاین، هەموو شتەکانی دەورمان فانین و زوو دەڕۆن و نامێنن، پشتیان پێنابەسرێت و بەردەوام دەگۆڕدرێن. هیچ شتێک ناتوانێت سەقامگیری و ئاسایشمان بداتێ. ئەگەر بمانەوێت سەقامگیری و ئاسایشمان هەبێت ئەوا پێویستمان بەو لەنگەرەیە کە سنووری زەمان دەبڕێ و بەرەو ئەزەلییەت دەڕوات و توند خۆی لە تاشەبەردی قەڕنەکان قەیم دەکات. کاتێک هیوامان هەیە، ئەوا ئەم لەنگەرەمان هەیە.

لە کۆتاییدا لە (عیبرانییەکان ١٠: ٢٣)دا دەیخوێنینەوە:

"[٢٣]با بێ ڕاڕایی دەست بگرین بە دانپیانانی هیوامان، چونکە ئەوەی بەڵێنی پێماندا‌وە جێی متمانەیە."

بەردەوام هیوادار و ئومێدوار بە. هیوا لەدەست مەدە، گەشبین بە. چونکە گەشبینی پارێزەری مێشکتە.

بەشی دوازدەیەم

شمشێری ڕۆح

تایبەتمەندییەک لە شمشێردا هەیە کە وادەکات جیاواز بێت لە پێنج پێداویستییەکەی دیکەی جەنگ کە باسمان لێوە کردن. ئەو جیاوازییەش ئەوەیە کە شمشێر تاکە کەلوپەلێکی جەنگییە کە تەنیا بۆ خوپاراستن بەکارنایەت. بەبێ شمشێر ناتوانین شەیتان لە خۆمان دوور بخەینەوە. ئەگەر هەموو پێداویستییەکانی دیکەی جەنگ لەبەربکەین و بیانبەستین ئەوا تەنیا دەتوانین ڕێگە لە شەیتان بگرین کە بریندارمان نەکات، بەڵام ناتوانین شەیتان لە خۆمان دووربخەینەوە. تاکە شتێک لە لیستی کەلوپەلی جەنگیدا بتوانێت ئەو کارە بکات بریتییە لە شمشێر، کە پێی دەوترێت "وشەی یەزدان."

کتێبی پیرۆز وشەی خودا بە شمشێر دەشوبهێنێ چونکە وشەی خودا توانای بڕین و لێدانی هەیە.

(عیبرانییەکان ٤: ١٢) ڕایدەگەیەنێت:

"[١٢]چونکە وشەی خودا زیندووە و کاریگەرە، لە هەموو شمشێرێکی دوودەم تیژترە، نێوانی دەروون و ڕۆح و جومگە و مۆخی ئێسک دەبڕێت، نیاز و بیری دڵ جیا دەکاتەوە."

وشەی خودا هەموو ناوچەیەکی کەسایەتی مرۆڤەکان دەبڕێت. دەتوانێ مۆخی ئێسک ببڕێت کە دەکەوێتە قوڵایی جەستەی مرۆڤەوە. نێوانی دەروون و ڕۆح دەبڕێت کە قوڵایی کەسایەتی مرۆڤەکانە. لە هەموو شمشێرێکی دوودەم تیژترە.

لە (ئاشکراکردن ١: ١٦)دا کاتێک یۆحەنا لە بینینێکیدا مەسیحی بەوپەڕی شکۆوە وەکو گەورەی کەنیسە بۆ دەردەکەوێت، یەکێک لەو شتانەی کە بینی شمشێرێکی دوودەم بوو کە لە دەمی عیساوە دەهاتە دەرەوە.

"[١٦]حەوت ئەستێرەی لە دەستە ڕاستی بوو، شمشێرێکی دوو دەمیش لە دەمیەوە دەردەچوو."

ئەو شمشێرە تیژە دوودەمە بریتییە لە وشەی خودا کە لە دەمی عیسای مەسیحەوە دەهاتە دەرەوە. ئێستا کە لە کتێبی پیرۆزدا بۆمان دەرکەوتووە کە خودی مەسیح شمشێری وشەی خودای بەکارهێناوە، زۆر باش دەبێت ئەگەر خوێندنەوەیەکی وردمان هەبێت لەسەر بەکارهێنانی ئەم شمشێرە لە سەرەتای ژیانی مەسیحدا. ڕوونترین وێنەی ئەمە لە (مەتا ٤: ١- ١١)دا دەبینرێت، کە باسی تاقیکردنەوەی مەسیح دەکات لە چۆڵەوانی لەلایەن شەیتانەوە. ڕێگەم بدە ئەوەت بۆ ڕوون بکەمەوە کە هەرجارێک مەسیح لەگەڵ شەیتان ڕووبەڕو دەبووەوە، تاکە چەکێک کە بەکاریدەهێنا بریتی بوو لە شمشێری ڕۆح کە وشەی خودایە.

"١پاشان عیسا بەهۆی ڕۆحی پیرۆزەوە بردرایە چۆڵەوانی، تاکو لەلایەن ئیبلیسەوە تاقی بکرێتەوە. ٢دوای چل شەو و چل
ڕۆژ بەڕۆژووبوون، برسی بوو. ٣تاقیکەرەوە لێی هاتە پێش، پێی گوت: ئەگەر تۆ کوڕی خودایت، بەم بەردانە بڵێ با ببن
بە نان. ٤بەڵام عیسا وەڵامی دایەوە: نووسراوە: مرۆڤ تەنها بە نان ناژییێت، بەڵکو بە هەر وشەیەک کە لە دەمی خوداوە
دێتە دەرەوە. ٥ئینجا ئیبلیس بردییە شاری پیرۆز و لەسەر سواندەی پەرستگا ڕایگرت و ٦پێی گوت: ئەگەر تۆ کوڕی
خودایت خۆت هەڵدە خوارەوە. چونکە نووسراوە: سەبارەت بە تۆ فەرمان بە فریشتەکانی دەدات، لەسەر دەستیان
هەڵتبگرن، تاکو پێت بەر بەردێک نەکەوێت. ٧عیساش پێی فەرموو: هەروەها نووسراوە: یەزدانی خوداتان تاقی
مەکەنەوە. ٨دیسان ئیبلیس بۆ سەر شاخێکی زۆر بڵندی برد و هەموو شانشینەکانی جیهان و شکۆی ئەوانی پیشان دا و
٩پێی گوت: هەموو ئەمانەت دەدەمێ ئەگەر کڕنۆش ببەیت و بمپەرستی. ١٠ئینجا عیساش پێی فەرموو: شەیتان لێم
دووربکەوە! چونکە نووسراوە: کڕنۆش بۆ یەزدانی خودات دەبەیت و تەنها ئەو دەپەرستیت. ١١ئینجا ئیبلیس وازی لێ هێنا
و فریشتەش هاتن و خزمەتیان کرد."

حەزدەکەم هەندێ شتی سەرنجڕاکێشتان لەسەر ئەم دەقە پێبڵێم. یەکەم، نە مەسیح و نە شەیتان بە هیچ جۆرێ گومانیان لەسەر هێز و توانای کتێبی پیرۆز نەبوو. ئایا سەرسامکەر نییە؟! عیسای مەسیح هەموو جارێک و بەتایبەتی ئایەتی لە سیپارەی دواوتار هێناوەتەوە، ئەو سیپارەیەی کە کەوتوەتە بەر هێرشی ڕەخنەی کارناسانی لاهوت و ڕەخنەگرانی مۆدێرن. من خۆم لەو باوەڕەدام کە مەسیح و شەیتان زۆر لە کارناسانی بواری لاهوت زانا و داناترن. هەردووکیان باش هێز و دەسەڵاتی ئەو وشانەیان دەزانی.

دووەم، بنەمای هەموو تاقیکردنەوەکانی مەسیح، تاقیکردنەوەی دروستکردنی گومان بوو. هەرکاتێک ئیبلیس بە "ئەگەر" دەستی بە قسەدەکرد، لە هەوڵی ئەوەدا بوو کە گومان بخاتە دڵی مەسیحەوە.

سێیەم، وەکو پێشتریش باسم کرد، مەسیح شێوازی بەرپەرچدانەوەی شەیتانی نەگۆڕی، بەڵکو هەمیشە هەمان چەکی وشەی خودای دژی بەکارهێنا، **"نووسراوە ....."، "نووسراوە ....."، "نووسراوە ....."**

ئەوە زۆر گرنگە کە شەیتانیش دەیتوانی دەقی کتێبی پیرۆز بەکاربێنێت، بەڵام لە شوێنی هەڵەدا بەکاریدەهێنا. ئایەتێکی لە (زەبووری **٩١**) هێنایەوە، بەڵام مەسیح دیسان هەر ئایەتەکانی سیپارەی دواوتاری بەکاردەهێنا. ئیبلیس هەوڵیدا کە وشەی خودا دژی کوڕی خودا بەکاربێنێت. ئەگەر دژی بتوانێت دژی ئەو بەکاربێنێت ئەوا دەتوانێت دژی من و تۆش بەکاربێنێت. هەربۆیە دەبێت بەباشی وشەکانی خودا بزانین و هەروەها ئەگەر بمانەوێت بەرپەرچی شەیتان بدەینەوە ئەوا دەبێت بزانین کە چۆن وشەکانی خودا جێبەجێ بکەین. دەبێت وریای ئەو کەسانە بین کە وشەی خودا بەهەڵە بەکاردێنن و دەیانەوێ بمانخەنە گومانەوە تاکو کاری خراپ ئەنجام بدەین.

مەسیح بە لاهوت یان بابەتی پەیوەستدار بە دینەوە وەڵامی شەیتانی نەدایەوە. بە ئیبلیسی نەوت کە چوەتە ناو کام کەنیشت یان چ ڕابییەک (مامۆستای شەریعەت) دەرسی پێوتوە. هەمیشە گەڕاوەتەوە سەر سەرچاوەر سەرەکییەکە کە ئەویش وشەی خودایە، **"نووسراوە ....."، "نووسراوە ....."، "نووسراوە ......"** لەدوای ئەوەی بۆ جاری سێیەم شمشێرە دوو دەمە تیژەکە شەیتانی بریندار کرد، شەیتان کۆڵیدا و بەپێی پێویست دەردی پێدرا. من و تۆش شەرەفی بەکارهێنانی هەمان چەکمان پێبەخشراوە.

لە (ئەفەسۆس ٦: ١٧)دا کاتێک پۆڵس باسی شمشێری ڕۆح دەکات کە وشەی خودایە، ئەو وشە یۆنانییەی کە لە بەرانبەر "وشە" بەکاریهێناوە بریتییە "رهێما، rhema"، کە لە زۆربەی هەڵوێستەکاندا بە واتای وشەی گوتراو دێت. زۆر گرنگە کە بزانین کە شمشێری ڕۆح کە وشەی یەزدانە بریتی نییە لەو کتێبە پیرۆزەی کە لە کتێبخانە لە ڕیزی کتێبەکانی دیکەدا یان لەناو کانتۆرەکەتدا داتناوە. شەیتان لەمە ناترسێت. بەڵام کاتێک وشەکانی خودا بەزمان دێنیت و ڕاستەوخۆ دەریاندەبڕیت ئەوجار دەبێتە شمشێری ڕۆح.

هەروەها سەرنجی گرنگی دەستەواژەی "شمشێری ڕۆح" بدە. ئەمە هاوکاری نێوان باوەڕدار و ڕۆحی پیرۆز نیشاندەدات. ئێمە خۆمان دەبێت شمشێرەکە وەرگرین چونکە ڕۆحی پیرۆز ئەو کارەمان بۆ ناکات. بەڵام کاتێک بە باوەڕ و ئیمانەوە شمشێرەکە هەڵدەگرین، ئەوکات ڕۆحی پیرۆز ژیری و توانای پێویستمان دەداتێ بۆ بەکارهێنانی.

بەشی سێزدەیەم

ناوچەی نەپارێزراو

ئێستا هەموو ئەو چەکانەم خوێندووە کە بۆ خۆپاراستن بەکاردێن، وەکو زانیمان ئەم شەش جۆرە چەکە بوون: پشتێنی ڕاستی، سپەری ڕاستودروستی، پێڵاوی ئامادەبوون بۆ ڕاگەیاندنی ئینجیل، قەڵغانی باوەڕ، کڵاوی ڕزگاری و شمشێری ڕۆح کە وشەی خودایە. ئەگەر ئەم چەکە بەرگرییانە کە خودا بۆی دەستبەر کردووین، هەمووی ببەستین و بەکاریان بێنین ئەوا هەر لە کاسەی سەرمانەوە تا دەگاتە پاژنەی پێمان بەتەواوی پارێزراوە. ئێستا تەنیا بەشێک لە جەستەمان نەپارێزراوە.

ئەو بەشەی کە بە هیچ جۆرێک نەپارێزراوە بەشی پشتەوەی جەستەمانە. لەو باوەڕەدام کە ئەمە شتێکی زۆر گرنگە و دوو هۆکاری هەیە: یەکەم، هەرگیز پشت مەکە شەیتان، چونکە ئەگەر پشتت تێکرد ئەوا دەرفەتی ئەوەی دەدەیتێ کە بەشی نەپارێزراوی جەستەت بریندار بکات. بە واتایەکی دیکە، هەرگیز کۆڵ مەدە. نەکەی هەرگیز ڕوو وەربگێڕیت و بڵێی: "ئەوەی توانیم کردم، ناتوانم بەرگەی ئەمە بگرم." ئەمە واتای ئەوەیە کە تۆ پشتی نەپارێزراوت دەکەیتە شەیتان و هەروەها لەوە دڵنیا بە کە ئەو ئامادەیی ئەوەی تێدایە کە بریندارت بکات.

دووەم، ئێمە هەمیشە ناتوانین پارێزگاری لە بەشی پشتەوەی جەستەمان بکەین. سەربازانی پیادەی ڕۆمانی، هەمیشە بە ڕیز و لە نزیک یەکەوە شەڕدەکەن. لە زمانی یۆنانیدا بەم شێوازی وەستانی ڕێکوپێکە دەڵێن "Phalanx." سەربازەکان فێرکراون و ڕاهێنراون کە هەمیشە بەم شێوەیە شەڕ بکەن و هەرگیز ڕیزەکەیان تێک نەدەن. هەموو سەربازێک دەیزانی چ سەربازێکی دیکە لەلای ڕاستییەتی و کێ لەلای چەپییەتی، بۆ ئەوەی کاتێک کە فشاری زۆری لەسەر درووست بوو و نەیتوانی پشتی خۆی بپارێزێت ئەوا سەربازێکی دیکە هەبێت ئەو کارەی بۆ بکات و پشتی بۆ بپارێزێت.

لەو باوەڕەدام کە دەکرێت هەمان شت بەسەر ئێمەی مەسیحیشدا جێبەجێ بکرێت. ناتوانین بەتەنیا بڕۆین و دەستبگرین بەسەر شانشینی شەیتاندا. دەبێت بەپێی بەرنامە و نەزم کاربکەین، دەبێت شوێنی خۆمان لە جەستەدا بزانین (کە بریتییە لە سوپای مەسیح) و هەروەها دەبێت بزانین کێ لەلای ڕاستمانە و کێ لەلای چەپمانە. دەبێت متمانە بە سەربازەکانی هاوڕێمان بکەین. کاتێک لەژێر فشاردابووین دەبێت بزانین کە کێ پشتمان دەگرێت ئەگەر هاتوو خۆمان نەمانتوانی ئەو کارە بکەین.

نزیکەی چل ساڵە من خەریکی خزمەتکردنی یەزدانم و زۆر شتم لەم بارەوە دیوە. کارەساتی واقیعی لە ئەزموونی ژیانی ئێمەی مەسیحیدا بریتییە لەمە: ئەو کەسەی کە پشتت دەپارێزێت هەندێ کات دەبێتە هۆی بریندارکردنت. تا ئێستا چەندین جار ئێمەی مەسیحی بەهۆی هاوڕێ مەسیحییەکانی دیکەمانەوە بریندارکراوین. لەڕاستیدا ئەم شتانە هەرگیز نابێت ڕووبدەن. با بڕیاربدەین کە یەکگرتوو بین، پێکەوە بوەستین، پشتی یەک بگرین و یەکتر بریندار نەکەین.

وەرزی سێیەم

چەکی هێرشکردن

بەشی چواردەیەم

هێرشی داگیرکاری

ئێمە باسی ئەو شەش چەکە پارێزەرەمان کرد کە پۆڵس لە (ئەفەسۆس ٦: ١٤- ١٧) تیشکی خستۆتەسەر: پشتێنی ڕاستی، سپەری ڕاستودروستی، پێڵاوی ئامادەبوون بۆ ڕاگەیاندنی ئینجیل، قەڵغانی باوەڕ، کڵاوی ڕزگاری و شمشێری ڕۆح. باسی ئەوەم کرد کە جگە لە شمشێر ئەوا کەلوپەلەکانی دیکە هەموویان بۆ بەرگریکردن بەکاردێن. تەنانەت شمشێریش لە شانی کەسی هێرشکەر زیاتر نارِوات. بەجۆرێکی دیکە، هیچ کام لەو چەکانەی کە باسمان کردن توانای ئەوەیان نییە کە ڕووبەڕووی ئەو قەڵایانەی شەیتان بنەوە کە پۆڵس لە (دووەم کۆرنسۆس ١٠: ٤- ٥)دا وەسفی کردوون، لێرەدا پۆڵس باسی ئەوەش دەکات کە ئەرکی ئێمە ئەوەیە کە ئەم قەڵا و دژانەی شەیتان بڕوخێنین و لەناویان ببەین.

ئێستا دەمانەوی لە بەرگریکردنەوە بەرەو هێرشکردن بڕۆین. باسی ئەو چەکانە دەکەین کە بۆ هێرشکرنە سەر شەیتان و ڕووخانی قەڵاکانی بەکاریدێنین. زۆر گرنگە کە بزانین ئەمە ئەرکە لەسەر شانمان کە بڕۆین و چالاکانە هێرش بکەینە سەر شانشینی شەیتان. مێژوو و ئەزموون سەلمێنەری ئەو ڕاستییەن کە هیچ سوپایەک تا ئێستا لە هیچ جەنگێکدا نەیتوانیوە لە شێوازی بەرگریدا لایەنی بەرانبەر ببەزێنن و سەرکەون بەسەریاندا.

جارێکیان کەسێک پرسیار لە ژێنراڵێکی بەناوبانگی فەرەنسی دەکات و دەڵێت: "چ سوپایەک براوەی جەنگە؟" ئەویش لە وەڵامدا دەڵێت: "ئەو سوپایەی کە یەکەم جار هێرشدەکات."

ئێمە هەرگیز ناتوانین بە پاشەکشێ کردن یان تەنانەت بەر بەرگریکردنیش ناتوانین لە جەنگدا سەرکەوتوو بین. تا ئەو کاتەی شەیتان کەنیسەی لە حاڵەتی بەرگریدا هێشتوەتەوە ئەوا کەنیسە ناتوانێت قەڵاکانی شەیتان بڕوخێنێت و بەسەریدا زاڵبێت. هەربۆیە ئێمە ئەرکێکی تەواومان لەسەرشانە کە دەبێت لە شێوازی بەرگریکردن و پاراستنی شەخسییەوە بڕۆین بەرەو شێوازی هێرشکردن.

یەکەم جار کاتێک عیسای مەسیح پلان و بەرنامەی خۆی بۆ کەنیسە دەرخست، بینینی بە کەنیسە بەخشی کە لە حاڵەتی هێرشکردندا دەبێت بۆ سەر قەڵاکانی شەیتان. لە (مەتا ١٦: ١٨)دا بۆ یەکەم جار وشەی کەنیسە دەبینن. لێرەدا مەسیح بە مەتا دەڵێت:

"تۆ پەترۆسی و لەسەر ئەم بەردە کڵێسای خۆم بنیاد دەنێم کە دەروازەکانی جیهانی مردووان (جەهەنەم)یش پێی ناوێرێت."

واتە کەنیسە ئەوەندە بەهێز دەبێت کە هەموو دەروازەکانی جیهانی مردووانیش هێزی ئەویان نابێت. لەبەرانبەر وشەی جەهەنەمدا لە زمانی یۆنانیدا "hades" بەکارهاتووە. مانای ڕیشەیی ئەم وشە یۆنانییە واتە "نەبینراو، نادیار." جەهەنەم یان "hades"ی یۆنانی واتە دنیای نەبینراوی شانشینی شەیتان.

مەسیح لەژێر ڕووناکی ئەم دوو چالاکیەدا وێنەی کەنیسەکەی دەکێشێت: بیناتنان و جەنگ. ئەم دووە هەمیشە ئەبێت پێکەوە کاربکەن و پێکەوە بن. ناکرێت تەنیا شەڕ بکەین و بنیات نەنێین، هەروەها ئەگەر شەڕنەکەین ناتوانین بنتات بنێین. لەبەرئەوە هەمیشە دەبێت لەکاتی بنیاتنانی کەنیسەدا بیر لە شەڕکردن دژی هێزەکانی شەیتان بکەینەوە.

زۆرێک لە خەڵکی قسەکانی مەسیحییان لە (مەتا ١٦: ١٨)دا بەهەڵە لێکداوەتەوە. ئەوان پێیان وایە کە مەسیح باسی کەنیسەیەک دەکات کە لە حاڵەتی بەرگریدایە، هەروەها ئەو کەنیسەیە لە شارێکدایە و هێزەکانی شەیتان چوار دەوریان گرتووە. پەیمانەکەی مەسیحیان بەو شێوەیە لێکداوەتەوە کە شەیتان پێش ئەوەی دەروازەی شار بشکێنێت مەسیح خۆی دێت و کەنیسە دووردەخاتەوە و ڕزگاری دەکات لەدەست شەیتان. ئەمە واتای ئەوەیە کە کەنیسە لە حاڵەتی تەواوی بەرگریدایە، لەڕاستیدا ئەم لێکدانەوەیە هەڵەیە.

عیسای مەسیح باس لە کەنیسە دەکات کە لە حاڵەتی هێرشکردندایە و پەلاماری دەروازەکانی شانشینی شەیتان دەدات. مەسیح پەیمانی داوە کە دەروازەکانی شەیتان خۆی لەبەرانبەر هێرشەکانی کەنیسەدا ڕانەگرێت و هەروەها شەیتان نەتوانێت ڕێگە لە ئامادەبوونی کەنیسە بگرێت. ئەوە کەنیسە نییە کە لە هەوڵی دەرکردنی شەیتاندایە بەڵکو ئەوە شەیتانە کە ناتوانیت کەنیسە بکاتە دەرەوە. عیسای مەسیح پەیمانی پێداوین کە ئەگەر ئێمە ئەومان وەکو فەرماندەی گشتی قبووڵ بێت و ملکەچی فەرمانەکانی بین، ئەوا دەتوانین بڕۆین و هێرش بکەینە سەر قەڵا و دژەکانی شەیتان و دەروازەکانی بشکێنین و دیلەکانی ناوی لە تاریکی ڕزگار بکەین و هەموو سامانەکەی بەتاڵان ببەین. ئەمەیە ئەرکی ڕاستەقینەی کەنیسە، هێرشبەرە نەوەک بەرگریکار.

وشەی "دەروازە" لە کتێبی پیرۆزدا گرنگسەکی تایبەتی هەیە. پێش هەموو شتێک دەروازە شوێنی حوکمدان و ڕاوێژکردنە. بۆ نموونە (پەندەکانی سلێمان ٣١: ٢٣) باسی مێردی ژنێکی نموونەیی و وەفادار دەکات:

"[٢٣]مێردی لە دەروازەکانی شاردا ناسراوە، لەوێ لەگەڵ پیرانی شارەکە دادەنیشێت."

سەرنجی ئەوە بدە کە لە دەروازەی شاردا ئەنجومەنی بەڕێوەبەری پیران دانیشتن و فەرمانڕەوایی شارەکەیان کردووە و بەڕێوەیان بردووە. کەواتە کاتێک کتێبی پیرۆز دەڵێت کە دەروازەکانی شەیتان ناتوانن بەسەر کەنیسەدا زاڵبن مەبەستی ئەوەیە کە ئەنجومەنی شەیتان ناتوانێت بەسەر کەنیسەدا زاڵبێت و لەبەرانبەردا توشی بێهیوایی دەبن و لەناودەچن.

کاتێک هێرش دەکرێتە سەر شارێک ئەوا سروشتییە کە یەکەم شت پەلاماری دەروازەکەی دەدرێت، چونکە دەروازەکە توانای بەرگەگرتنی کەمترە لە دیوارەکان. (ئیشایا ٢٨: ٦) دەڵێت:

"[٦]هێز بۆ بەرەنگاربووانی جەنگ لەبەر دەروازەکان."

ئەم ئایەتە وێنەی ئەو کەنیسەیەمان نیشان دەدات، کە هێرش بۆ دەروازەی قەڵاکانی شەیتان دەبات و هەروەها دەروازەکانی شەیتان توانای ئەوەی نابێت کە ڕێگەنەدات کەنیسە بێتە ژوورەوە. هەربۆیە دەبێت چیتر بیر لە شێوازی بەرگریکردن نەکەینەوە بەڵکو لەبەرانبەردا بیر لە هێرشکردن بکەینەوە.

بەپشت بەستن بەو ئەزموون و تەجروبەیەی کە هەمە دەتوانم بڵێم کە زۆربەی مەسیحییەکان بەم شێوەیە بیردەکەنەوە: "ئاخۆ جاری داهاتوو شەیتان لە کوێ پەلامارم دەدات؟" بەڵام من پێم وایە کە ئەم پرسیارە دەبێت بە پێچەوانەوە بکرێت، شەیتان دەبێت بەلایەوە جێگای پرسیار بێت کە ئاخۆ جاری داهاتوو کەنیسە لەکوێ پەلاماری دەدات!

بۆ بەردەوام بوون لەسەر بابەتەکەمان کە حاڵەتی هێرشبەری کەنیسەیە، دەمەوێت لەژێر ڕۆشنایی کتێبی پیرۆز ئەوە ڕوون بکەمەوە کە ئێمە بۆ دەبێت ئەو کارە بکەین. بە تایبەتی ئەمە لە ئایەتێکدا بەدی دەکرێت، ئەویش (کۆلۆسی ٢: ١٥)یە کە باس لەوە دەکات کە خودا چ شتگەلێکی جێبەجێکردووە کاتێک مەسیح لەجیاتی ئێمە لەسەر خاچ گیانی سپارد.

"[١٥]سەرۆکەکان و دەسەڵاتدارانی چەککرد."

سەرۆک و دەسەڵاتداران کە لێرەدا باسی لێوەکراوە، مەبەست لە هەمان هێزە ڕۆحییەکانی شەیتانە کە پۆڵس لە (ئەفەسۆس ٦: ١٢) باسیان دەکات. لەڕێگەی خاچەوە خودا ئەو سەرۆک و دەسەڵاتدارانەی چەک کرد و چەکەکانیانی داماڵی. تا ئێستا بیرت لەوە کردووەتە کە شەیتان هیچ چەکێکی پێ نەماوە و لە چەک داماڵراوە؟ بەڵێ، یەزدان لەڕێگەی خاچی مەسیحەوە سەرۆک و دەسەڵاتدارەکانی چەک کردووە. (کۆلۆسی ٢: ١٥) دەڵێت:

"[١٥]....... و بە ئاشکرا کردنییە پەند، لە خاچدا بەسەریاندا زاڵبوو."

خودا لەڕێگەی خاچەوە شەیتانی چەک کرد و هەروەها بە ئاشکرا نوێنەرانی شانشینی شەیتانی کرد بە پەند و لەسەر خاچ بەسەریاندا زاڵبوو. زاڵبوون تەنیا سەرکەوتنێکی سادە نییە و بەس، بەڵکو ئاهەنگ گێڕان و خۆشی دەربڕینە بەبۆنەی ئەو سەرکەوتنەی کە پێشوەخت بەدەستهاتووە. بەئاشکرا دەرخستن و نیشاندانی سەرکەوتن دەبێتە هۆی تەواوکردنی ئەوە زاڵبوونە.

مەسیح لەسەر خاچ سەرکەوتنەکەی بۆ خۆی تۆمار نەکرد، چونکە ئەو هەمیشە هەر سەرکەوتوو بووە. وەکو نوێنەری ئێمە، ئەو سەرکەوتنەی بەدەستهێنا، هەربۆیە سەرکەوتنەکەی بوو بە سەرکەوتنی ئێمە. لە (دووەم کۆرنسۆس ٢: ١٤)دا هاتووە:

"بەڵام سوپاس بۆ خودا، ئەوەی هەموو کاتێک ڕابەرایەتیمان دەکات لە کەژاوەی سەرکەوتنی مەسیح، لە هەموو شوێنێک بەهۆی ئێمەوە بۆنی خۆشی ناسینەکەی بڵاو دەکاتەوە."

"هەموو کاتێک" و "لە هەموو شوێنێک" دەبێت سەرکەوتن و زاڵبوونەکەی مەسیح دەربخەین و بڵاوی بکەینەوە. خودا بە ئاشکرا ئەوە سەرکەوتنە دەردەخات کە مەسیح لە ڕێگەی ئێمەوە بەدەستی هێناوە. واتە خودا سەرکەوتنی ئێمە نیشاندەدات کە بەسەر دەسەڵاتدار و فەرمانڕەوا و سەرۆک و هێزەکانی شەیتاندا بەدەستمان هێناوە. ئەم سەرکەوتنە دەبێت لەڕێگەی ئێمەوە بەئەنجام بگات.

لە (مەتا ٢٨: ١٨- ١٩) مەسیح کۆتا ئەرک بە قوتابییەکانی دەسپێرێت:

"[١٨]عیسا لێیان نزیک بووەوە و قسەی بۆ کردن: هەموو دەسەڵاتێکم لە ئاسمان و لەسەر زەوی دراوەتێ. [١٩]کەواتە بڕۆن، هەموو نەتەوەکان بکەنە قوتابی، بە ناوی باوک و کوڕ و ڕۆحی پیرۆز لە ئاویان هەڵبکێشن."

مەسیح دەفەموموێت: "هەموو دەسەڵاتێکم دراوەتێ. کەواتە بڕۆن ....." لێرەدا "کەواتە" مانای چییە؟ من پێم وایە کە لێرەدا مەسیح مەبەستی ئەوەیە کە "تۆ بڕۆ و ئەو دەسەڵاتەی کە من دراوە لەجێگەی من کاری پێبکە." ئەرکی ئێمە ئەوەیە سەرکەوتنەکەی بەڕێوە ببەین، زاڵبوونەکەی دەربخەین و کاربگکەین بەو دەسەڵاتەی کە مەسیح لەجێگەی ئێمە بەدەستی هێنا. کاتێک دەسەڵات کاریگەری دەبێت کە بەکاربێنیت. ئەگەر ئەو دەسەڵاتە کە مەسیح پێی بەخشیوین بەکارنەهێنین ئەوا بێکاریگەری دەمێنێتەوە.

خەڵکی ئەم جیهانە ناتوانن دەسەڵاتی مەسیح ببینن مەگەر ئەوەی کە ئێمە نیشانیان بدەین و بۆیان دەربخەین. مەسیح سەرکەوتنەکەی بەدەست هێنا بەڵام ئەرکی ئێمە ئەوەیە کە ئەو دەسەڵاتە نیشان بدەین کە پێشوەخت مەسیح بەسەر شەیتان و شانشینەکەیدا بەدەستی هێناوە. تەنیا لەڕێگەی گۆڕینی شێوازی بەگری بۆ شێوازی هێرشکردن دەتوانین دەسەڵاتی مەسیح نیشان بدەین و دەربخەین.

بەشی پازدەیەم

چەکی نوێژکردن

خودا چەکی ڕۆحی گونجاوی بۆ دابین کردووین تاکو بتوانین هێرش بکەینە سەر قەڵاکانی شەیتان و بیرۆخێنین. لە (دووەم کۆرنسۆس ١٠: ٤)دا دەیخوێنینەوە:

"⁴چونکە چەکی شەڕکردنمان جەستەیی نییە، بەڵکو بە خوداوە توانای وێرانکردنی قەڵای هەیە."

بێگومان مەبەست لە قەڵا لێرەدا قەڵای شەیتانە. بە واتایەکی دیکە، خودا چەکی ڕۆحی بۆ دەستەبەر کردووین. بەپێی ئەزموونی شەخسی و ئەو خوێندنە زۆرەی کە لەسەر کتێبی پیرۆز هەمبووە، باوەڕم وایە کە کتێبی پیرۆز باسی لە چوار چەکی سەرەکی ڕۆحی کردووە کە بۆ هێرشکردن بەکاردێت. ئەوانیش: نوێژ، ستایش، فێرکردن (ڕاگەیاندنی وشەی خودا) و شایەتیدان. یەکەم جار باسی چەکی نوێژ دەکەین.

دەبێت دان بەوەدا بنێم کە نوێژ تەنیا چەک نییە بەڵکو زۆر لەوە زیاترە کە تەنیا یەکێک بێت لە چەکە ڕۆحییەکان. نوێژ چەندین سیما و نموودی هەیە. یەکێک لەو سیمایانە بریتییە لە چەکێک کە لە جەنگی ڕۆحیدا بەکاردێت. باوەڕم وایە کە نوێژ لە هەموو ئەو چەکانەی دیکە بەهێزترە کە خودا بۆی دابین کردووین.

پۆڵس لە (ئەفەسۆس ٦: ١٨)دا دوای ئەوەی لیستی شەش جۆر چەکی بەرگریمان پێدەناسێنێت، دەڵێت: **"بە هەموو جۆرە نوێژێک و پاڕانەوەیەک، هەموو کاتێک لە ڕۆحدا نوێژ بکەن، ....."**

لێرەدا پۆڵس لە چەکی بەرگرییەوە دەڕوات بۆ چەکی هێرشکردن. ئەمە ڕێکەوت نییە کە ڕێک لەدوای لیستی چەکی بەرگری باس لە چەکی هێرشکردن دەکات. لەوێدا ئاماژە بە گەورەترین چەکی هێرشکردن دەکات کە ئەویش نوێژە.

وەکو موشەکی دوورهاوێژی بالستیک چاو لە نوێژ بکە. ئەم جۆرە مووشەکە لەڕێگەی سیستەمێکی تەواو پێشکەوتووەوە دەتوانرێت لە قاڕەیەکەوە ئاراستەی ئامانجێکی دیاریکراو لە قاڕەیەکی تەواو جیاوازی دیکەوە بکرێت. نوێژ وەکو ئەم مووشەکە بالستیکیە وایە. بەهۆی نوێژەوە دەتوانین قەڵاکانی شەیتان لەناو ببەین، جا لە هەر کوێ بن، تەنانەت ئەگەر لە شوێنەکانی ئاسمانیش بن.

لە (کرداری نێردراوان ١٢: ١- ٦)دا نموونەی نوێژی هێرشکردن دەبینین. لێرەدا باس لە کەنیسە دەکات کە تووشی چەوسانەوە ببوو بەهۆی دەسەڵاتی پاشا هیرۆدس. یاقوب کە یەکێک بوو لە فەرمانڕەوایانی کەنیسە، پێشوەخت لەلایەن پاشا هیرۆدسەوە کوژرابوو. ئێستا پەترۆس گیراوە و لە سجنە و دەیانەوێ بە زوویی ئەمیش بکوژن.

"[١]لەو کاتەدا هێرۆدسی پاشا دەستی بە چەوساندنەوەی چەند کەسێکی کڵێسا کرد. [٢]هەروەها یاقوبی برای یۆحەناشی بە شمشێر کوشت. [٣]کە بینی ئەمە جێی ڕەزامەندی جولەکەیە، پەترۆسیشی گرت، ئەمەش لە ڕۆژانی جەژنی فەتیرەدا بوو. [٤]کاتێک هێرۆدس گرتی، خستییە زیندان، بۆ ئەوەی پاسەوانی لێ بکرێت دایە دەست چوار کۆمەڵی چوار سەربازی، دەیویست دوای پەسخە بیهێنێتە بەردەم گەل. [٥]بۆیە کە پەترۆس لە زیندان کرابوو، کڵێسا بە گوڕ لە پێناوی ئەو نوێژیان بۆ خودا دەکرد. [٦]بەڵام کاتێک هێرۆدس بەتەمابوو بیهێنێتە دەرەوە، لەو شەوەدا پەترۆس لەنێوان دوو سەربازدا نوستبوو، بە دوو زنجیر بەسترابووەوە، لەبەردەرگاش پاسەوان هەبوو، پاسەوانی زیندانەکەیان دەکرد."

ئەو زیندانەی کە پەترۆسی تێدابوو، بەباشی پاسەوانی لێدەکرا و پارێزراو بوو. هیرۆدس بەشێوەیەک دەیویست دڵنیا بێت لە هەڵنەهاتنی پەترۆس لە زینداندا کە چوار دەستەی چوار سەربازی شەو و ڕۆژ پاسەوانییان دەکرد، هەر یەکەیان چوار کاتژمێر. هەروەها ڕوونە و دەگونجێت کە سەربازەکان کۆت و زنجیریان کردووەتە دەست یان پێی پەترۆسەوە. بەشێوەیەکی سروشتی ڕزگاربوون مەحاڵ بوو. بەڵام سەرەڕای هەموو ئەمانە، کەنیسە بێوچاون نوێژیان دەکرد.

ئەزمە و قەیرانەکان دەبنە هۆی گۆڕینی پێشینەکان (أولية)ی ژیانمان. من نازانم کە کەنیسە چەندە بێوچاون و بێڕاوەستان نوێژیان کردووە، بەڵام لەناکاو یاقوبیان لەدەست دەرچوو. ئیستا وا خەریکە پەترۆسی سەرۆکیشیان بۆ هەمیشە لەدەست دەدەن. ئەمە هانیدەدان کە نوێژ بکەن. کۆمەڵی باوەڕداران تەنیا بە ڕۆژدا نوێژیان نەدەکرد بەڵکو نووسراوەکان ئاماژە بەوە دەکەن کە شەوانیش نوێژیان دەکرد. گرنگە کە سەرنجی ئەوە بدەین کە هەندێ کات نوێژی ڕۆژ کافی و بەس نییە. عیسای مەسیح لە (لۆقا ١٨: ٧- ٨) دا دەفەرموێ: **"[٧]باشە خودا مافی هەڵبژێردراوەکانی خۆی کە شەو و ڕۆژ لێی دەپاڕێنەوە وەرناگرێت؟ ئایا درەنگ وەڵامیان دەداتەوە؟ [٨] پێتان دەڵێم: خێرا مافیان بۆ وەردەگرێت." هەندێ کات** نوێژی بەهیز و بەردەوام پێویستی بە هاتنەناوەوەی خودا هەیە.

مەسیح لە (یۆحەنا ٢١: ١٨- ١٩) پەیمانێک بە پەترۆس دەدات:

"[١٨]ڕاستی ڕاستیت پێ دەڵێم، کاتێک گەنج بوویت پشتێنەکەت دەبەست و بۆ هەرکوێ دەتویست، دەچووی. بەڵام کاتێک پیر دەبیت دەستت درێژ دەکەیت و یەکێکی دیکە پشتێنەکەت دەبەستێت و دەتباتە شوێنێک کە ناتەوێت. [١٩]ئەمەی گوت وەک ئاماژەکردنێک بۆ مردنی پەترۆس کە خودا شکۆدار دەکات. کە ئەمەی فەرموو، پێی فەرموو: دوام بکەوە!"

زۆرم حەز دەکرد بزانم کە ئایا پەترۆس لە زینداندا لەو فەرمایشتەی مەسیح ڕاماوە و بیری لێکردووەتەوە. مەسیح بە پەترۆسی فەرموو: "کاتێک پیر دەبیت ...." بەڵام لەوکاتەدا کە پەترۆس لە سجن بوو، هێشتا پیر نەبوو. پێم وایە کە دەبێت هەستی بەوە کردبێت کە شتێک ڕوودەدات و بەو هۆیەوە وشەی مەسیح دێتە دی، بێگومان هاتەدی، بەڵام پێویستی بە نوێژ بوو تاکو کاریگەریی هەبێت.

خودا وەڵامی نوێژی کەنیسەی دایەوە و فریشتەیەکی نارد و پەترۆسی لە زیندان ئازاد کرد، لە (کرداری نێردراوان ١٢: ٨-١١)دا دەیخوێنینەوە:

"[٨]فریشتەکە پێی گوت: پشتێنەکەت ببەستە و پێڵاوەکانت لە پێ بکە! ئەویش کردی. ئینجا پێی گوت: سەرکراسەکەت لەبەربکە و دوام بکەوە. [٩]پەترۆسیش دوای کەوت و لە بەندینخانە چووە دەرەوە، نەیدەزانی ئەوەی بەهۆی فریشتەکەوە ڕوودەدات ڕاستە، بەڵکو وایدەزانی بینینێکی بۆ دەرکەوتووە. [١٠]پاسەوانی یەکەم و دووەمیان بڕی و گەیشتنە دەروازە ئاسنینەکەی بەرەو شار، لە خۆیەوە بۆیان کرایەوە، تێیەڕین و شەقامێکیان بڕی، لەناکاو فریشتەکە بەجێیهێشت. [١١]ئینجا پەترۆس بەخۆیدا هاتەوە و گوتی: ئێستا بەڕاستی زانیم کە یەزدان فریشتەکەی نارد و لە دەستی هێرۆدس و هەموو ئەوەی گەلی جولەکە چاوەڕێی بوو دەربازی کردم."

خودا وەڵامی کەنیسەی دایەوە و فریشتەیەکی نارد بۆ هاوکارییان. سەرەڕای ئەوەش، بەڵام یەکەم دەرەنجامی نوێژەکانیان ڕزگارکردنی پەترۆس بوو. دەبێت دووەم دەرەنجامی نوێژ ببین کە حوکمدانی پاشا هیرۆدسی چەوسێنەر بوو لەلایەن فریشتەکەوە. لە (کرداری نێردراوان ١٢: ١٩- ٢٣)دا هاتووە:

"[١٩]کاتێک هێرۆدس داوای کرد و نەیدۆزییەوە، لێکۆڵینەوەی لەگەڵ سەربازان کرد و فەرمانی دا بکوژرێن. ئینجا لە یەهودیاوە چووە قەیسەرییە و لەوێ مایەوە. [٢٠]هێرۆدس لە خەڵکی سور و سەیدا زۆر تووڕە بوو، ئەوانیش بە یەک دڵ بۆ لای هاتن و بلاستۆسی سەرپەرشتیاریماڵی پاشایان ڕازی کرد و داوای ئاشتبوونەوەیان کرد، چونکە ناوچەکەیان لە ناوچەی پاشاوە ئازووقە دەدرا. [٢١]لە ڕۆژی دیاریکراودا هێرۆدس جلی پاشایەتیی لەبەر کرد، لەسەر کورسی حوکمدان دانیشت و وتاری بۆیان دا. [٢٢]خەڵکەکەش هاواریان کرد: ئەمە دەنگی خودایە هی مرۆڤ نییە! [٢٣]یەکسەر فریشتەیەکی یەزدان لێیدا، چونکە شکۆی نەدایە خودا، کرمیش لێیدا و مرد."

با بەوردی سەیری ئەوە بکەین کە لەو کاتەدا چۆن نوێژ وەکو چەکی هێرشکردنی بەکارهات. نوێژ ئاسمانانی بڕی وای کرد کە فریشتە دەستپێشخەری بکات و هاوکارییان بکات. دەتوانین ئەم حاڵەتە بەراورد بکەین بە (دانیال ١٠) کاتێک دانیال نوێژی کرد و فریشتەیەک لە ئاسمانەوە بە وەڵامەوە هات بۆلای دانیال.

(کرداری نێردراوان ١٢: ٢٤) کۆتا شتمان پێدەڵێت: **"بەڵام پەیامی خودا بەردەوام لە پەرەسەندن و گەشەکردندا بوو."**

ئەم ئایەتە باسی وشەی خودا دەکات کە گەشەی دەکرد و هیچ شتێک نەیدەتوانی ڕێگەی لێبگرێت، هەروەها باسی ئەو پەیمانەی مەسیح دەکات کە بە پەترۆسی دا کە پێی وت تاوەکو پیر نەبێت نامرێت. بەڵام جێبەجێکردنی بەڵێنەکانی کتێبی پیرۆز پێویستی بە نوێژکردن بوو. شتێک هەیە کە دەبێت باش لێی تێبگەین ئەویش ئەوەیە کە بەڵێنەکانی وشەی خودا جێگرەوەی نوێژەکانمان نین، بەڵکو نوێژەکانمان دەخەنە جووڵە، نوێژەکانمان دەبنە هۆی ئەوەی کە پەیمانەکانی وشەی

خودا لە ڕۆحماندا کاریگەری هەبێت. هەروەها بەڵێنەکانی کتێبی پیرۆز وادەکەن کە نوێژەکانمان ببنە هۆی ئەوەی کە فریشتەکان دەستپێشخەری بکەن و لەجێی ئێمە کاربکەن.

کتێبی پیرۆز پێمان دەڵێت کە فریشتەکان خزمەتکاری رۆحیین، بۆ بەرژەوەندی ئێمە نێردراون، بەڵام تا نوێژ نەکەین نایەن، خودا بە ناردنی فریشتەکانی وەڵامی نوێژەکانمان دەداتەوە. ئەوە لە مێشکتدا بچەسپێنە کە نوێژ توانای بڕینی شوێنەکانی شانشینی شەیتانی هەیە و وادەکات کە فریشتەکانی خودا دەستپێشخەری بکەن و بێن بە هانامانەوە.

بەشی شازدەیەم

چەکی ستایشکردن

دووەم باشترین چەکی هێرشکردن کە لە دوای نوێژەوە دێت بریتییە لە ستایش. دەکرێت ستایش بە جۆرێک لە نوێژ هەژمارد بکەیت بەڵام لە کتێبی پیرۆزدا بەگشتی ستایش پەیوەستە بە ترسی یەزدان و مەزنی و گەورەیی یەزدانەوە. ستایش داوای هاتنەناوەوەی لەسەروو سروشتی خودا دەکات، هەروەها وەڵامێکی گونجاوە بۆ ئەو دەستپێشخەرییە. لە (دەرچوون **١٥**: ١٠- ١١) سرودێکی ستایش دەبینین کە موسا و گەلی خودا دەیخوێنن دوای ئەوەی لە میسر ڕزگاری کردن و فیرعەون و سوپاکەی لە دەریای سووردا لەناوبران.

"١٠بەڵام بە بای خۆت فووت کرد، دەریا دایپۆشین، ڕۆچوون وەک قورقوشم، لە ئاوێکی مەزن. ١١ئەی یەزدان، کێ لەنێو خوداوەندەکان وەک تۆیە؟ کێ وەک تۆ پایەبەرزە لە پیرۆزی، سامناک لە ستایش، دروستکەری کاری سەرسوڕهێنەر؟"

سەرنجی دەستەواژەی "سامناک لە ستایش" بدە. ستایش داوای سامناکی و مەزنی خودا دەکات، بەتایبەتی لە دژی دوژمنەکانی گەلی خودا.

(زەبووری **٢٢**: **٢٣**) دەڵێت:

"٢٣ئەی لەخواترسەکان، ستایشی بکەن! ئەی هەموو نەوەکانی یاقوب، شکۆداری بکەن! ئەی هەموو نەوەکانی ئیسرائیل، لێی بترسن!

ستایش وەڵامێکی پڕ بە پێستی گەلی خودایە لەبەرامبەر ناوازەبوونی خودا و کارە ترسێنەرەکانی لەکاتی شەڕدا کە لەجێگەی گەلەکەی ئەنجامی دەدات.

(زەبووری ٨: ٢) دەڵێت:

"٢لە زاری منداڵان و شیرەخۆرانەوە ستایشت بۆ خۆت داڕشتووە بەهۆی ناحەزەکانتەوە، هەتا دوژمنە تۆڵەسێنەرەکانی پێ دەمکوت بکەیتەوە."

لەم دەقەوە بۆمان دەردەکەوێت کە خودا هێزی داوەتە گەلەکەی لەدژی دوژمنەکانیان. دوو وشە وەکو دوژمن بەکارهاتووە. یەکەمیان بریتییە لە دەستەواژەی "ناحەزان" کە ناوێکی کۆیە. لەو باوەڕەدام کە ئەمە مەبەستی لە پێکهاتەی گشتی شانشینی شەیتانە. ئەمە ئەو دەسەڵاتدار و حوکمڕان و فەرمانڕەوایانە دەگرێتەوە کە پۆڵس لە (ئەفەسۆس ٦: **١٢**)دا باسی کردووە. وشەی دووەم کە وەکو دوژمن بەکارهاتووە بریتییە لە خودی "دوژمن"، کە ناوێکی تاکە. باوەڕم وایە ئەمەیان مەبەستی لە خودی شەیتانە.

خودا هێزی پێویستی داوەتە گەلەکەی کە بتوانێت ڕووبەڕووی تەواوی ئەم شانشینە ببێتەوە. سروشتی ئەم هێزە کە خودا بۆ گەلەکەی دابینکردووە، لە (مەتا ٢١: ١٥- ١٦)دا تەواو ئاشکراکراوە و دەرخراوە. عیسا لە پەرستگادا خەریکی ئەنجامدانی پەرجوو بوو، لەو کاتەدا منداڵان دەهاتن و دەچوون و هاواریان دەکرد "هۆسانا!" مامۆستایانی ئایینی داوایان لە عیسا کرد کە منداڵەکان بێدەنگ بکات.

"[١٥]بەڵام کاتێک کاهینانی باڵا و مامۆستایانی تەورات ئەم کارە سەرسوڕهێنەرانەیان بینی کە ئەو کردی، هەروەها منداڵانیش کە لە حەوشەکانی پەرستگا هاواریان دەکرد: (هۆسانا بۆ کوڕی داود)، تووڕە بوون و [١٦]پێیان گوت: گوێت لێیە ئەو منداڵانە چی دەڵێن؟ عیساش پێی فەرموون: بەڵێ، ئەی قەت نەتانخوێندووەتەوە: لە زاری منداڵان و شیرەخۆرانەوە ستایشت بۆ خۆت داڕشتووە؟"

عیسای مەسیح بە هەندێک گۆڕینەوە بە (زەبووری ٨: ٢) وەڵامی دانەوە. لەڕاستیدا ئەوە بۆچوونی مەسیح بوو لەسەر ئەو ئایەتە. نووسەری زەبوور دەڵێت: **"لە زاری منداڵان و شیرەخۆرانەوە هێز دادەمەزرێنیت ....." بەڵام مەسیح دەفەرموێت: "لە زاری منداڵان و شیرەخۆرانەوە ستایشت بۆ خۆت داڕشتووە."** کەواتە ئەمە بۆمان دەردەخات کە ستایش هێزی گەلی خودایە. ستایش سەرچاوەی سەرەکی هێزی ئێمەیە.

سەرنجی چەند شتێکی دیکەی ئەم ئاشکراکردنە بدە. لە هەموو حاڵەتەکاندا دەڵێت: "لە زاری ...." زار و دەم کاناڵی سەرەکی هاتنەدەرەوەی چەکە ڕۆحییەکانە دژی شانشینی شەیتان. دووەم، باسی "شیرەخۆرە و منداڵان" دەکات. واتە ئەوانەی کە بەشێوەیەکی سروشتی خۆیان هێز و توانایان نییە هەربۆیە دەبێت پشت بە خودا ببەستن.

(مەتا ١١: ٢٥) دەڵێت:

"[٢٥]لەو کاتەدا عیسا فەرمووی: ئەی باوک سوپاست دەکەم، پەروەردگاری ئاسمان و زەوی، چونکە ئەمانەت لە دانا و تێگەیشتووان شاردووەتەوە و بۆ منداڵانت ئاشکرا کردووە."

مەسیح مەبەستی لە قوتابییەکانی خۆیەتی کە لەم ئایەتەدا باسی منداڵ دەکات. "منداڵ" ئەوانە ناگرێتەوە کە تازە لەدایک بوون، بەڵکو ئەوانە دەگرێتەوە کە هێزیان نییە و دەبێت بە تەواوی پشت بە یەزدان ببەستن.

ئامانج لەبەکارهێنانی چەکی ستایش، بێدەنگ کردنی شەیتانە. ئەمە لەگەڵ (ئاشکراکردن ١٢: ١٠)دا دەگونجێت. هەرچەند ئەم ئایەتەی ئاشکراکردن هێشتا ماویەتی بە تەواوی بێتە دی بەڵام زۆر شتمان لەسەر چالاکی و کارەکانی شەیتانمان لەم کاتەدا پێدەڵێت:

"[١٠]جا گوێم لە دەنگێکی بەرز بوو لە ئاسماندا دەیفەرموو: ئێستا ڕزگاری و هێز و شانشینی خودامان و دەسەڵاتی مەسیحەکەی هاتووە، چونکە ئەو سکاڵاکارەی لە خوشک و براکانمان، کە شەو و ڕۆژ لەبەردەم خودامان سکاڵای لێیان دەکرد، فڕێدرایە خوارەوە."**

ئەم دەقە پێمان دەڵێت کە کاری سەرەکی شەیتان و چەکە سەرەکییەکەی بریتییە لە سکاڵاکردن و شکاتکردن لە ئێمە. بەردەوام و بە شەو و ڕۆژ، لەبەردەم خودا شکاتمان لێدەکات. بیرم لەوە کردەوە کە ئەگەر شەیتان شەو و ڕۆژ سەرقاڵ بێت، ئەوا ناکرێت کە ئێمە تەنیا بە ڕۆژدا سەرقاڵ بین[3]. دەبێت شەو و ڕۆژ لەگەڵ ئەودا بڕۆین.

شەیتان سکاڵا و شکاتمان لێدەکات بۆ ئەوەی ئێمە هەست بە گوناهباربوون بکەین. ئەمە چەکی سەرەکی شەیتانە کە لە دژمان بەکاریدێنێت.

ئێستا لەوانەیە بڵێی: "باشە، بۆچی یەزدان، شەیتان لەدەم ناخات و بێدەنگی ناکات؟" وەڵامەکەی سادەیە: چونکە خودا ڕیگاکانی بێدەنگی شەیتانی خستوەتە بەردەستمان، خودا خۆی ئەو کارەمان بۆ ناکات (بێدەنگ کردنی شەیتان کاری ئێمەیە). ڕێگاکانی بێدەنگ کردنی شەیتان ئەو ستایشەیە "کە لە زاری منداڵ و شیرەخۆرەوە دێتە دەرەوە." ئەوە ستایشە کە شوێنەکانی ئاسمان دەبڕێت و دەگاتە تەختی شانشینی خودا و سکاڵاکانی شەیتان لە دژمان بێدەنگ دەکات.

(ئاشکراکردن ١٦: ١٣- ١٤) باسی پێشبینی دەکات، هەوڵ نادەم ئەوە ڕوون بکەمەوە کە لە چ سەردەمێکی مێژووییدا دێتە دی، بەڵام لەڕێگەی ئەم دەقەوە دەمەوێ بنەمایەکی گرنگ دەستنیشان بکەم. لێرەدا یۆحەنا دەڵێ:

"[١٣]ئینجا سێ ڕۆحی پیسی وەک بۆقم بینی لە دەمی ئەژدیهاکە و دەمی دڕندەکە و دەمی پێغەمبەرە درۆزنەکە دەهاتنە دەرەوە. [١٤]چونکە ئەوانە ڕۆحی شەیتانین نیشانە دەکەن، دەچنە لای پاشاکانی هەموو جیهان، تاکو بۆ جەنگ کۆیان بکەنەوە لەو ڕۆژە گەورەیەی خودای هەرە بە توانا."

ئەوەی کە دەمەوێت لەسەر ئەم ئایەتە بیڵێم ئەوەیە ڕۆحە پیسە شەیتانییەکان لەڕێگەی زار و دەمیشەوە کاردەکەن. ستایش کە دەبێتە هۆی بێدەنگ کردنی شەیتان لە دەمی گەلی خوداوە دێتە دەرێ. ڕۆحە پیسە شەیتانییەکان لەڕێگەی دەمی ئەوانەوە دێنە دەرێ کە سەربە شەیتانن و لایەنگری ئەون. ڕۆحە پیسەکان لە دەمی ئەژدیهاکە و دەمی دڕندەکە و دەمی پێغەمبەرە درۆزنەکە دەهاتنە دەرەوە. دەکرێت ئەمە بەو مانایە بێت کە ئەو لایەنەی کە زار و دەمی کاریگەرتر بەکاربێنێت، ئەم جەنگە ڕۆحییە دەباتەوە و براوە دەبێت. ئەگەر فێری ئەوە نەبین کە چۆن زارمان بەکاربێنین ئەوا ناتوانین جەنگەکە ببەینەوە و سەرکەوتوو بین.

---

[3] واتە دەبێت هەمیشە ئامادەیی ئەوەمان تێدا بێت کە دژی شەیتان بوەستینەوە، ستایشی بەردەوام یەکێکە لە ڕێگەکانی وەستان لە دژی.

ڕۆحە پیسەکان بە بۆق شوبهێنراون. مایەی سەرنجە کە بۆق تەنیا بەشەودا قیرە قیر دەکات و بە درێژایی شەو دەنگیان دێت. باوەڕم وایە ئەمە وێنەیەکی زۆر ڕوونی شتێکە کە لە شارستانییەتی ئەمڕۆدا پێی ئاشناین، ئەو شتەش "پروپاگەندە"یە. بەگشتی پروپاگەندە ئامرازێکی شەیتانییە کە بەکاردێت بۆ برەودان بە ئایدۆلۆژیا و مەرامی سیاسیی خراپ، یان برەودان بە فەرمانڕەوا و بەرپرسە خراپەکان. یەکێک لەو ڕێگە هەرە باشانەی کە دەتوانین بەهۆیەوە لە دژی ئەم هێزانە ڕاوەستین بریتییە لەو ستایشەی کە لە زار و دەمی گەلی خوداوە دەردەچێت.

نموونەیەکی دیکە لە هێزی ستایش لە (زەبووری ١٤٩: ٦- ٩)دا دەبینین:

"[٦]با ستایشکردن بۆ خودا لەسەر زاریان بێت، شمشێری دوودەمیان بەدەستەوە بێت، [٧]هەتا تۆڵە لە نەتەوەکان بکەنەوە، گەلان سزا بدەن، [٨]هەتا پاشاکانیان بە زنجیر ببەستنەوە، کۆت بکەنە دەستی پیاوماقوڵانیان، [٩]هەتا حوکمی نووسراویان بەسەردا جێبەجێ بکەن. ئەمەش شکۆمەندییە بۆ هەموو خۆشەویستانی. هەلیلویا!"

ئەمە دەقە باسی شتێک دەکات کە هەموو پیرۆزکراوان لەڕێگەی ستایشکردنەوە دەتوانن ئەنجامی بدەن. ئەو ستایشە شمشێری دوودەمیشی لەگەڵە کە وشەی خودایە. واتە، وشەی خودا (کتێبی پیرۆز) و ستایشکردن دەبێت پێکەوەبن. ئەگەر ستایشکردن لەگەڵ وشەی خودا یەکبگرێت ئەوا دەبێتە ئامرازی حوکمدانی پاشایان و نەتەوەکان. ئەو پاشا و پیاوماقوڵانەی کە لە دەقەکەی سەرەوەدا ئاماژەی پێدراوە، شازادەی فریشتەیی شەیتان و پاشای دنیای نەبینراون. ئێمە وەکو گەلی خودا ئەو هێزەمان پێدراوە کە وشەی نووسراویان لەسەر جێبەجێ بکەین. واتە، ئێمە حوکمی ئاشکرای یەزدانیان بەسەردا جێبەجێ دەکەین، شەرەفی ئەنجامدانی ئەم کارە بە هەموو پیرۆزکراوان دراوە.

پۆڵس لە (یەکەم کۆرنسۆس ٦: ٢- ٣) بە مەسیحییەکان دەڵێت:

"[٢]ئایا نازانن پیرۆزکراوان جیهان حوکم دەدەن؟ ئەگەر ئێوە جیهان حوکم بدەن، ئایا شایستە نین لە بچووکترینی شتەکان حوکم بدەن؟ [٣]ئایا نازانن ئێمە فریشتەش حوکم دەدەین؟ چەندە زیاتر شتەکانی ئەم ژیانە نا؟"

لەڕێگەی وشەی خودا و چەکی شتایشەوە، هێز و دەسەڵاتی ئەوەمان پێدراوە کە حوکمی خودا بەسەر فریشتە و فەرمانڕەوا و پاشا و گەل و نەتەواندا جێبەجێ بکەین؛ ئەمە واتای ئەوە دەگەیەنێت کە پیرۆزکراوانی خودا خاوەنی دەسەڵاتێکی مەزن و هێزێکی زۆرن.

بەشی حەڤدەیەم

چەکی وازدان

چەکی وازدان[4] یەکێکی دیکەیە لەو چەکانەی کە بۆ هێرشکردن بەکاردێت ڕاستەوخۆ و بەتایبەتی پەیوەندی هەیە بە وشەی خوداوە. ئەم چەکە تەنیا بریتییە لە وازدانی وشەی خودا. بەهیچ شێوەیەک بۆ وازدانی شتەکانی دیکە بەکارنایەت، لەوانە فەلسەفەی مرۆیی و ئایدۆلۆژیای سیاسی. تەنانەت خوێندنی قوڵی لاهوتیش ناچێتە چوارچێوەی چەکی وازدانەوە.

لە ڕاسپاردە سەرەکییەکەی پۆڵسەوە دەست پێدەکەین کە لە (دووەم تیمۆساوس ٤: ١- ٤) ئاماژەی پێ کراوە:

"[١]لەبەردەم خودا و عیسای مەسیح، ئەوەی لە داهاتوو زیندووان و مردووان حوکم دەدات، لەبەر دەرکەوتنی خۆی و شانشینەکەی ڕاتدەسپێرم: [٢]وشەکە ڕابگەیەنە، ئامادە بە لە کاتی گونجاو و نەگونجاو، سەرزەنشت بکە، ڕابخوڕە، ورە بەرز بکەوە، بەوپەڕی پشوودرێژی و فێرکردنەوە. [٣]چونکە کاتێک دێت بەرگەی فێرکردنی دروستیان ناگرن، بەڵکو بەگوێرەی هەوەسی تایبەتی خۆیان ڕەمەکییانە مامۆستا کۆدەکەنەوە قدیلکەی گوێیان بکاتەوە. [٤]بۆ ڕاستی گوێیان دادەخەن، بۆ ئەفسانە لادەدەن."

دەمەوێ باسی چەند خاڵێکی گرنگ بکەم. یەکەم، قورسایی ڕاسپاردەکەی پۆڵس. پۆڵس ڕاسپاردەکەی لەبەردەم خودا و عیسای مەسیح و لەژێر ڕۆشنایی ئەو ڕاستییەی کە عیسا زیندووان و مردووان حوکم دەدات و هەروەها لەبەر دەرکەوتنی مەسیح و شانشینەکەی ڕاگەیاند. ئەمە یەکێکە لە قورسترین ئەو ڕاسپاردانەی کە بە خزمەتکارێکی یەزدان دراوە.

دووەم، ڕاسپاردەکە بریتییە لە وازدانی وشەی خودا. واتە گرنگە کە واعیز بزانێت دەبێت لەسەر چ شتێک وازدەدات. باسکردنی ئەو ڕاستییەی کە عیسا مردوو و زیندوو حوکم دەدات دەریدەخات کە واعیز دەبێت وەڵامدەرەوە بێت لەبەردەم مەسیح لەسەر ئەو پەیامانەی کە وازیدەدات.

بە توندی ئاگادار کراوینەتەوە کە نابێت ڕێگە بەو یاخیبووانە بدەین کە بەدوای ئارەزوو و حەزی تاکەکەسی خۆیاندا دەگەڕێن، کە نایانەوێت گوێیان لە ڕاستی بێت. ئەوانە بەدوای ئەو واعیزانەدا دەگەڕێن کە دەیانەوێت ئەو شتانە وازبدەن کە ئەمان دەیانەوێ گوێیان لێبێت. لەوە ئاگادارکراوینەتەوە کە هەموو کەسێک ڕاستی وەرناگرێت. بەم حاڵەشەوە، لەجێگەی دژایەتی و ڕەخنەگرتن، ڕاسپاردەکە بریتییە لە وازدانی وشەی خودا.

کتێبی پیرۆز زۆر شتی لەسەر کاریگەربوونی وشەی خودا باسکردووە. لە (ئیشایا ٥٥: ١١) نووسراوە:

---

[4] بە ئینگلیزی بە وازدان دەوترێت (Preaching)، واتە بڵاوکردنەوە و ڕاگەیاندنی وشەی یەزدان.

"[11]فەرمایشتەکەم ئاوا دەبێت کە لە دەممەوە دێتە دەرەوە: بە بەتاڵی ناگەڕێتەوە بۆم، بەڵکو ئەوەی من پێم خۆشە دەیکات و سەرکەوتوو دەبێت لەوەی بۆی دەنێرم."

دیسان لە (یەرمیا **٢٣: ٢٩**)دا خودا دەفەرموێت:

"[29]ئایا فەرموودەکانم وەک ئاگر نین؟ وەک چەکوش بەرد وردوخاش ناکەن؟ ئەوە فەرمایشتی یەزدانە."

پاشان لە (عیبرانییەکان **٤: ١٢**)دا دەفەرموێت:

"[12]چونکە فەرمایشتی خودا زیندووە، کاریگەرە، لە هەموو شمشێرێکی دوودەم تیژترە، نێوانی دەروون و ڕۆح و جومگە و مۆخی ئێسک دەبڕێت، نیاز و بیری دڵ جیا دەکاتەوە."

هێزێکی مەزن لە وازدانی وشەی یەزداندا هەیە. ئەنجامەکانی مسۆگەرن، بە بەتاڵی ناگەڕێتەوە. ئەوە دەکات کە خودا پێی خۆشە. چەکوشێکە کە هەموو ئەو بەردانە وردوخاش دەکات کە بۆ ئامانج و مەبەستەکانی خودا بەربەست دروست دەکەن. وەکو شمشێرێکی تیژە کە بەشی ناوەوەی کەسایەتی مرۆڤ دەبڕێت و نهێنیەکانی مێشک و دڵی مرۆڤ ئاشکرا دەکات.

(کرداری نێردراوان **١٩: ٨- ١٠**) نموونەیەکە لە هێز و توانای وازدانی وشەی خودا لە خزمەتەکەی پۆڵس لە ئەفەسۆس:

"[8]ئینجا پۆڵس چووە کەنیشت و بۆ زیاتر لە سێ مانگ ئازایانە دەدوا، گفتوگۆی دەکرد و سەبارەت بە کاروباری شانشینی خودا قەناعەتی بە خەڵک دەهێنا. [9]بەڵام هەندێک کەللەڕەقییان کرد و باوەڕیان نەهێنا، لەبەردەم خەڵکەکە جنێویان بە ڕێگاکە دا. ئەویش لێیان کشایەوە و قوتابییەکانی برد، ڕۆژانە لە قوتابخانەی تیرانۆس گفتوگۆی دەکرد. [10]دوو ساڵ وابوو، تاکو هەموو ئەوانەی لە ئاسیادا دانیشتبوون، جولەکە و یۆنانی، پەیامی مەسیحی خاوەن شکۆیان بیست."

لەم دەقەدا سێ وشە بۆ وەسفکردنی وازدانەکەی پۆڵس بەکارهاتووە: سەخت، بەردەوام و فراوان. پۆڵس بۆ ماوەی دوو ساڵ، ڕۆژانە وشەی خودای وازدەدا. فێرکردنەکەی فراوان بوو چونکە هەموو ئاسیای گرتەوە. زۆر جار دەرک بەو ڕاستییە ناکەین کە پۆڵس دوو ساڵی لە ئەفەسۆس بەسەربردووە و ڕۆژانە وشەی خودای وازداوە و خەڵکی فێری وشەی خودا کردووە.

ئەنجامی ئەم کارەی پۆڵس وەکو ئەوە وایە کە تۆ بەردێک فڕێ بدەیتە ناو گۆمێک ئاو و پاشان دەبینی کە لەو شوێنەی کە بەردەکە نقوم بوو، بڵقی ئاو دروست دەبێت و کەم کەم گەورە دەبێتەوە و فراوان دەبێت تا وای لێدێت هەموو گۆمەکە دەگرێتەوە. ئەنجامی یەکەم شایەتییەکی سەروو سروشتە. کتێبی پیرۆز دەڵێت کە یەزدان وشەکەی خۆی پشتڕاست دەکاتەوە و پێداگری لەسەر دەکات. خودا تیۆری مرۆیی، فەلسەفە یان تەنانەت فیرقە مەزهەبییەکان پشتڕاست ناکاتەوە و

پێداگری لەسەر ناکات بەڵکو تەنیا پێداگری لەسەر وشەکانی خۆی دەکات. یەزدان ئەو کارەی بۆ پۆڵس کرد. (کرداری نێردراوان ١٩: ١١- ١٢) دەڵێت:

"[١١]خوداش پەرجووی سەرسوڕهێنەری بە دەستی پۆڵس ئەنجام دەدا."

حەزم لە دەستەواژەی "پەرجووی سەرسوڕهێنەر"ـە. دەزانن ئەمە چی دەگرێتەوە؟ هەندێک لەو پەرجووانەی کە ئەنجام دران ئاسایی بوون بەڵام ئەوانەی کە لە ئەفەسۆس کران، سەرسوڕهێنەر و نائاسایی بوون.

لە خۆمم پرسی: "لە ناو کەنیسەکانی ئەمڕۆماندا، چەندیان تەنانەت پەرجووی ئاسایی ئەنجام دەدەن؟ باسی نائاسایی و سەرسوڕهێنەر لەولاوە بوەستێت." دواتر لە (کرداری نێردراوان ١٩: ١٢)دا وەسفی پەرجووەکان دەبینین:

"[١٢]تەنانەت دەستەسڕ و بەروانکەی سەر پێستیان دەهێنا، دەیانخستە سەر نەخۆش و نەخۆشی نەدەما، ڕۆحە پیسەکانیش دەردەچوون."

بە پێی تەجروبەی تاکەکەسیم، دەتوانم شایەتی ئەوە بدەم کە لە کاتی مندا پەرجووی لەو شێوەیەم بینیوە. ئەم پەرجووانە بەسەرنەچوون. هۆکارە سەرەکییەکەی بریتییە لە وازدان و ڕاگەیاندنی وشەی خودا.

یەکەم ئەنجامی وازدانەکەی پۆڵس لە ئەفەسۆس گەواهی سەروو سروشتی پەیامەکەی بوو لەرێگەی ئەنجامدانی پەرجووەوە. دووەم ئەنجام دەرکردنی ڕۆحی پیس بوو. (کرداری نێردراوان ١٩: ١٣- ١٦) دەڵێت:

"[١٣]هەندێک لەو جولەکە گەڕۆکانەی ڕۆحی پیسیان دەردەکرد، هەوڵیان دا ناوی عیسای خاوەن شکۆ بۆ ئەوانە بەکاربهێنن کە ڕۆحی پیسیان تێدایە، دەیانگوت: بە عیسا، ئەوەی پۆڵس ڕایدەگەیێنێت، فەرمانت پێ دەکەم دەربچیت. [١٤]سکاوا کە کاهینێکی باڵای جولەکە بوو، حەوت کوڕی ئەمەیان دەکرد. [١٥]ڕۆحە پیسەکەش وەڵامی دانەوە: (عیسا دەناسم و دەربارەی پۆڵسیش دەزانم، بەڵام ئێوە کێن؟ [١٦]ئینجا پیاوەکەی ڕۆحە پیسەکەی تێدابوو پەلاماری دان و بەسەر هەموویاندا زاڵبوو، دەرەقەتیان هات، تەنانەت بە ڕووتی و برینداربییەوە لەو ماڵە ڕایانکرد."

یەکێک لە ئەرکە گرنگەکانی خزمەتکردنی یەزدان دەرخستن و ئاشکراکردنی سیخوڕ و جاسوسەکانی شەیتانە. ڕۆحە پیس و بەدکارەکان، سیخوڕ و جاسوسی شەیتانن. کاتێک ئەم ڕۆحە پیسانە ئاشکرا دەکرێن ئەوا وشەی خودا قۆناغێکی بەرچاو بەرەوپێش دەچێت. ڕێک ئەمە لەو دەقەی سەرەوەدا ڕوویدا و سەرم سوڕماوە لەوەی کە ڕۆحە پیسەکە وتی: "عیسا دەناسم و دەربارەی پۆڵسیش دەزانم." ئەمە جۆرێکە لەو پێداهەڵگوتنە ناڕاستەوخۆیانەی کە نوێنەرێکی شەیتان بتوانێت بە واعیزێک بڵێت، "ئەو دەناسم، خەریکی بەدەستهێنانی شتێکە."

سێیەم ئەنجامی وازدانەکەی پۆڵس شکاندنی ئەو جادوو و سێحرە بوو کە دەستی بەسەر تەواوی شارەکەدا گرتبوو. لە (کرداری نێردراوان ١٩: ١٧- ١٩) نووسراوە:

"[١٧]ئەمەش زانرا لەلایەن هەموو ئەو جولەکە و یۆنانییانەی لە ئەفەسۆس دەژیان، هەموو ترس دایگرتن و ناوی عیسای خاوەن شکۆ بەرزبووەوە. [١٨]هەروەها زۆر لەوانەی باوەڕیان هێنا، دەهاتن و بە ئاشکرا دانیان بە کردەوەکانیان دەنا. [١٩]ژمارەیەک لەوانەی خەریکی جادووگەرییەتی بوون، پەڕتووکەکانیان کۆدەکردەوە و لەبەردەم هەمووان دەیانسووتاندن. نرخەکانیان ژمارد، بینییان پەنجا هەزار زیوە."

دەبینی تەنانەت زۆرێک لەوانەش کە باوەڕدار بوون و شوێنکەوتووی مەسیح بوون لەم کاری سێحر و جادوودا تێوەگلابوون، ڕێک وەکە ئەوەی کە لە ڕۆژگاری ئەمڕۆماندا لە کەنیسەکاندا دەیبینین، پێیەکیان لە شانیشینی یەزداندایە و پێیەکەی دیکەیان لە شانیشینی شەیتان. بەڵام کاتێک ئەم بەڵگە ترسناکەی ڕاستیی هێزی شەیتانیان بینی، بڕیاریانیاندا بە تەواوی خۆیان بدەنە دەست یەزدان و پشت لە شەیتان بکەن و وازی لێبێنن. بەڵگەی ئەم کارەشیان ئەوە بوو کە نووسراو و پەڕتووکی تایبەت بە جادوو و سێحریان هێنا و بە ئاشکرا لە شاری ئەفەسۆسدا سووتاندیانن. نرخی ئەو نووسراو و پەڕتووکانە پەنجا هەزار زیو بوو. هەر زیوێک لەو سەردەمەدا کرێی ڕۆژێکی کرێکاری ئەمڕۆیە. بۆ نموونە ئەگەر کرێکارێک ڕۆژی ٣٠ دۆلار پەیدا بکات، ئەوا نرخی ئەو کتێبانە دەکاتە ١٥٠٠٠٠٠ دۆلار. بڕێکی زۆری پارە!

با سەیری ڕوونکردنەوەیەکی کورتی کتێبی پیرۆز بکەین، لە (کرداری نێردراوان ١٩: ٢٠)دا هاتووە:

"[٢٠]بەم شێوەیە پەیامی مەسیحی خاوەن شکۆ بە تواناوە گەشەی دەکرد و بەهێز دەبوو."

هێزی وشەی یەزدان لە پشت هەموو ئەمانەوە بوو. خزمەتەکەی پۆڵس لە ڕاگەیاندنی وشەی یەزداندا بۆ ماوەی دوو ساڵ دەرەنجامی سەرسامکەر و بەهێزی لەدوای خۆی بەجێهێشت. شانشینی شەیتان لەو ناوچەیەدا لە بناغەوە تێکچوو و قەڵاکانی ڕوخێنران.

(کرداری نێردراوان ٢٠: ٢٠، ٢٦- ٢٧) لە زاری خودی پۆڵسەوە باس لە خزمەتەکەی ئەفەسۆس دەکات:

"[٢٠]هیچم لەو شتانە دوانەخستووە کە سوودبەخشن و بۆم ڕاگەیاندوون ...."

"[٢٦]بۆیە ئەمڕۆ شایەتیتان بۆ دەدەم، کە لە خوێنی هەمووان بێتاوانم، ٢٧چونکە لە ڕاگەیاندنی تەواوی خواستی خودا بۆتان دوانەکەوتم."

پۆڵس خزمەتەکەی خۆی لەوەدا کورت دەکاتەوە کە گلەیی لەسەر خۆی لابردووە و سازشیش ناکات. ئەم جۆرە وازدان و ڕاگەیاندنەی وشەی یەزدان کاریگەری هاوشێوەی ئەمانەی دەبێت، ئێمە لە ڕۆژگاری ئەمڕۆماندا پێویستمان بەم جۆرە وازدانەیە.

بەشی هەژدەیەم

چەکی شایەتیدان

دەبێت بە جیاوازی نێوان شایەتیدان و وازدان دەستپێبکەین. وازدان واتە پێشکەشکردنی ڕاستیی وشەی خودا بەشێوەیەکی ڕاستەوخۆ بەڵام شایەتیدان واتە "گەواهیدان" یان "بوون بە گەواهیدەر." شاتەتیدان واتە باسکردنی ئەزموونە کەسییەکان لەسەر ئەو ڕووداوانەی کە پەیوەستە بە وشەی یەزدانەوە و پێداگری کردن لەسەر ڕاستیی وشەی خودا. بۆ نموونە ئەگەر وازدانێک لەسەر شفا یان چاکبوونەوە پێشکەش بکەین، ئەوا باسی ئەو بنەمایانە دەکەین کە شفا پشتی پێدەبەسێت و هەروەها باسی بەڵێنەکانی خودا لەو بارەوە دەکەین. بەڵام ئەگەر شایەتی لەسەر شفا یان چارەسەرکردن بدەین، باسی ڕووداوێک دەکەین کە تێیدا خودا شفای داوین. کەواتە وازدان و شایەتیدان پەیوەستن بە وشەی یەزدانەوە بەڵام هەر یەکێکیان لە گۆشە نیگایەکەوە وشەی خودا پێشکەش دەکەن.

شایەتیدان بنەمای ستراتیژی مەسیح بوو لە بڵاوکردنەوەی وشەی خودا بۆ هەموو دنیا. عیسای مەسیح کاتێک لە کۆتا ساتی مانەوەی لەسەر زەویدا بوو، لە کێوی زەیتون لەکاتی بەجێهێشتنی قوتابییەکانیدا ئەم ستراتیژییەی ئاشکرا کرد. لە (کرداری نێردراوان ١: ٨)دا مەسیح دەفەرموێت:

"[٨]بەڵام کاتێک ڕۆحی پیرۆزتان دێتە سەر، هێز وەردەگرن و بۆ من دەبنە شایەت، لە ئۆرشەلیم و هەموو یەهودیا و سامیرە، تاکو ئەوپەڕی زەوی."

دەبێت سەرنجی چەند خاڵێک بدەین. خاڵی یەکەم، ئەگەر بمانەوێت ببینە شایەتییەکی کاریگەر بۆ مەسیح ئەوا پێویستمان بە هێزی سەروو سروشت هەیە. گەواهی و شایەتیدانەکەی ئێمە سەروو سروشتی و نائاساییە. پێویستە هێزی سەروو سروشت کە ڕۆحی پیرۆزە پشتی بگرێت و هاوکاری بکات. مەسیح ڕێگەی نەدا کە قوتابییەکانی بڕۆن و شایەتی بدەن تا ئەو کاتەی لە جەژنی پەنجابەمیندا ئەو هێزەیان پێبەخشرا، هێزی ڕۆحی پیرۆز.

خاڵی دووەم، مەسیح نافەرموێت "شایەتی دەبینین"، وەک چۆن زۆرێک لە خوایەرستەکان لەم ڕۆژگارەدا دەیڵێن، بەڵکو دەڵێت "ئێوە خۆتان دەبنە شایەت"، بە واتایەکی دیکە، نەک تەنیا ئەو وشانەی کە بە خەڵکی دەیڵێین یان ئەو کەلوپەلانەی کە دابەشی دەکەین، بەڵکو دەبێت تەواوی ژیانمان شایەتی بۆ مەسیح و ڕاستیی وشەی یەزدان بدات.

خاڵی سێیەم، لێرەدا مەسیح وێنەی بازنەیەک دەکات کە هەمیشە لە فراوانبووندایە. عیسا بە قوتابییەکانی فەرموو ڕێک لە شوێنی خۆتانەوە، لە ئۆرشەلیمەوە دەستپێبکەن. بڕۆن و پەیامی من بە خەڵکی ڕابگەیەنن، با باوەڕ بهێنن و پڕبن لە ڕۆحی پیرۆز. ئینجا ئەوانیش بڕۆن و بە خەڵکی دیکە بڵێن. ئیتر بەم شێوەیە هەر بەردەوام دەبێت. عیسا فەرمووی لە ئۆرشەلیمەوە

دەست پێدەکات، دواتر پەلدەکێشێت بەرەو یەهودیا و سامیرە و بڵاوکردنەوەی ئەم پەیامە ناوەستێت تا دەگاتە ئەوپەڕی زەوی.

ئەمانە کۆتا فەرمایشتی مەسیح بوون پێش ئەوەی بڕوات بۆ ئاسمان. دڵ و مێشکی مەسیح لەلای هەموو کەسەکانی ئەم دنیایە بوو، لەم پەڕەوە تا ئەوپەڕی زەوی. عیسا هەرگیز ڕازی نابێت تاوەکو پەیامی ئینجیل نەگات بە هەموو زەوی.
ستراتیژی سەرەتایی مەسیح بۆ بڵاوکردنەوەی پەیامەکەی ئەوەیە کە گەلی خودا هەموویان ببنە شایەتی بۆ یەزدان و شایەتی بۆ خەڵکی دیکە بدەن و بیانهێننە ناو باوەڕەوە. ئەوانیش بەهەمان شێوە شایەتی بدەن، ڕێک وەکو ئەو بەردەی ناو گۆمە ئاوەکە کە بڵقەکەی فراوان دەبێت و وادەکات هەموو گۆمەکە بگرێتەوە، بەهەمان شێوە ئەم شایەتییەش دەبێت هەموو دنیا بگرێتەوە.

ئەگەر سەیری مێژوو بکەین، دەبینین کە گەلی خودا لەکاتی بەکارهێنانی ئەم ستراتیژییەدا سەرکەوتوو بوون. بە سێسەد ساڵ مزگێنیی مەسیح بە هەموو ئیمپراتۆریەتی ڕۆمادا بڵاوبوەوە. باوەڕم وایە هۆکاری سەرکەوتنی ئەو هێزە ڕۆحییە مەزنە بەسەر ئیمپراتۆرییەتی بتپەرستی ڕۆمانیدا دەگەڕێتەوە بۆ شایەتیدانی دەیان هەزار باوەڕداری مەسیحی، بە ڕەچەڵەک و ڕەگەز و ئاستی کۆمەڵایەتی و دین و مەزهەبی جیاوازەوە. هەموویان وتیان "عیسای مەسیح ژیانی منی گۆڕی." کاریگەری ئەم ڕستەیە لە کۆتاییدا بووە هۆی لەناوبردنی ئیمپراتۆرییەتی بەهێز و خوێن ڕێژ و ستەمکاری ڕۆمانی.

کتێبی پیرۆز دەریخستووە کە ئەم چەکە دەتوانێت قەڵاکانی شەیتان لە شوێنەکانی ئاسماندا لەناوببات. لە (ئاشکراکردن ١٢: ٧- ١١) ئاماژە بەمە کراوە. ئەم ئایەتانە وەسفی کێشماکێش و شەڕێکی فراوان دەکەن کە لە کۆتایی ئەم سەردەمەدا لەنێوان فریشتەکان و مرۆڤەکاندا ڕوودەدات و ئاسمان و زەوی دەگرێتەوە.

"[٧]لە ئاسماندا بووە شەڕ، میکائیل و فریشتەکانی لە دژی ئەژدیهاکە هێرشیان برد، ئەژدیهاکە و فریشتە
بەدکارەکانیشی هێرشیان برد، [٨]بەڵام ئەژدیهاکە بەهێز نەبوو، شوێنیان لە ئاسماندا نەما. [٩]ئەژدیهایە گەورەکە فڕێدرایە
خوارەوە، مارە دێرینەکە کە بە ئیبلیس و شەیتان ناودەبردرێت، ئەوەی هەموو جیهان گومڕا دەکات، فریشتەکانیشی
لەگەڵیدا فڕێدرانە سەر زەوی. [١٠]جا گوێم لە دەنگێکی بەرز بوو لە ئاسماندا دەیفەرموو: ئێستا ڕزگاری و هێز و شانشینی
خودامان و دەسەڵاتی مەسیحەکەی هاتووە، چونکە ئەو سکاڵاکارەی لە خوشک و براکانمان، کە شەو و ڕۆژ لەبەردەم
خودامان سکاڵای لێیان دەکرد، فڕێدرایە خوارەوە."

شەیتان "سکاڵاکەری خوشکان و برایان"ـە. ئەم دەقەی سەرەوە باس لەوە دەکات کە چۆن شەیتان لە شانشینەکەی خۆی لە ئاسمانەوە فڕێدرایە خوارەوە و هەروەها چۆن باوەڕداران بەسەر شەیتاندا زاڵبوون. سەرنجی ئەوە بدەن کە شەڕەکە ڕاستەوخۆ و تەن بە تەن بووە.

"[11]ئەوان بە خوێنی بەرخەکە و بە وشەی شایەتییان بەزاندییان، هەتا ئەوەی لەڕووی مردنیش ژیانی خۆیان خۆشنەویست."

چەکە سەرەکییەکەیان بریتی بووە لە "شایەتیدان." ئەوە شایەتیدان بوو کە لە کۆتاییدا تەواوی شانشینی شەیتانی لەناوبرد. باوەڕم وایە کە شایەتییەکەیان بە دەوری دوو شتدا دەسووڕایەوە: وشەی یەزدان و خوێنی مەسیح. شایەتییەکەیان هێزێکی بڵاوکردەوە کە لەناو وشەی خودا و خوێنی مەسیحدایە.

دەتوانین ئەمە بەشێوەیەکی سادە و کردەیی لە ژیانی ڕۆژانەماندا جێبەجێ بکەین. ئێمە بەسەر شەیتاندا زاڵدەبین کاتێک شایەتی تاکەکەسی دەدەین لەبارەی ئەوەی کە وشەی خودا چیمان پێدەڵێت لەسەر کاریگەری خوێنی مەسیح لە ئێمەدا. دەتوانین گرنگی ئەو شایەتیدانە شەخسییە ببینین کە لەبارەی وشەی خودا و خوێنی مەسیحەوە داومانە.

بە چەندین ڕێگە دەتوانین لە ڕێگەی ئەمانەوە شایەتی بدەین. یەکەم، لەڕێگەی خوانی مەسیح یان سوپاسگوزاری. زۆر جار لەم ڕوانگەیەوە سەیری ناکەین بەڵام لەڕاستیدا ئەمە بەردەوام بوونی شایەتیدانی باوەڕی ئێمەیە بە وشەی یەزدان و خوێنی مەسیح. لەبارەی خوانی مەسیحەوە، پۆڵس لە (یەکەم کۆرنسۆس ١١: ٣٦)دا دەڵێت:

"[٣٦]جا هەر کاتێک لەم نانەتان خوارد و لەم جامەتان خواردەوە، ئەوا مردنی عیسای خاوەن شکۆ ڕادەگەیەنن، تاکو دێتەوە."

دەزانین کە جام بە واتای خوێنی مەسیح دێت، کەواتە کاتێک یادی خوانی مەسیح دەکەینەوە ئەوا بەردەوام شایەتی دەدەین لەسەر مردن و هەستانەوەی عیسای مەسیح لەنێو مردووان و هەروەها ڕایدەگەیەنین.

بۆ ئەوەی بتوانین بەشێوەیەکی کاریگەر شایەتی لەسەر خوێنی مەسیح بدەین کە لە وشەی یەزداندا باسکراوە ئەوا دەبێت بە باشی بزانین کە وشەی خودا لەڕاستیدا لەسەر خوێنی مەسیح چیمان پێدەڵێت.

لە وشەی یەزداندا ئاماژە بە پێنج شتی زۆر گرنگ کراوە کە لە ڕێگەی خوێنی مەسیحەوە بۆمان دەستەبەر کراوە.

یەکەم، ئێمە بە خوێنی ئەو کڕاینەوە، لە (ئەفەسۆس ١: ٧)دا هاتووە: **"لە ئەودا بە خوێنی ئەو کڕاینەوە ...."**

دووەم، ئێمە بە خوێنی ئەو بەخشراین، پۆڵس لە هەمان ئایەتی (ئەفەسۆس ١: ٧) دەڵێت: **"بە خوێنی ئەو ..... بەخشراین ..."**

لە خوێنی مەسیحدا یەکەم جار کڕاینەوە و پاشان بەخشراین.

سێیەم، خوێنی مەسیح بەردەوام پاکمان دەکاتەوە. بەهۆی خوێنی عیساوە پاکبووەنەوەی بەردەوامی ڕۆحیمان بۆ دەستەبەرکراوە. لە (یەکەم یۆحەنا ١: ٧)دا هاتووە:

"[7]بەڵام ئەگەر بەڕووناکیدا بڕۆین بەو شێوەیەی ئەو لەڕووناکیدایە، ئەوا لەگەڵ یەکتری ژیانی هاوبەشمان دەبێت و خوێنی عیسای کوڕی لە هەموو گوناهێک پاکمان دەکاتەوە."

چوارەم، بەهۆی خوێنی مەسیحەوە بێتاوان کراین، واتە ڕاستودروست کراین. وەکو ئەوە وایە کە ئێمە هەرگیز گوناهمان نەکردبێت. چونکە بە ڕاستودروستێک منی ڕاستودروست کردووە کە هەرگیز گوناهی نەکردووە، ئەویش ڕاستودروستی عیسای مەسیحە. لە (ڕۆما ٥: ٩)دا دەیخوێنینەوە:

"[9]ئێستاش کە بە خوێنی ئەو بێتاوان کراوین، بەهۆی ئەو چەندە زیاتر لە تووڕەیی خودا ڕزگار دەبین."

پێنجەم، کتێبی پیرۆز پێمان دەڵێت کە لەڕێگەی خوێنی مەسیحەوە دەتوانین پیرۆز بین. "پیرۆز کردن" لێرەدا واتە تەرخانکردن بۆ خودا. لەم بارەیەوە (عیبرانییەکان ١٣: ١٢) دەڵێت:

"[12]لەبەر ئەوە عیساش لە دەرەوەی دەرگای شار ئازاری چێژت، تاکو بە خوێنی خۆی گەل پیرۆز بکات."

ئەمانەی خوارەوە بەکورتی ئەو پێنج شتە مەزنەن کە خودا لەڕێگەی خوێنی عیسای مەسیحەوە بۆی دابین و دەستەبەر کردووین:

یەکەم: ئێمە کڕاینەوە.

دووەم: ئێمە بەخشراین.

سێیەم: ئێمە پاککراینەوە.

چوارەم: ئێمە بێتاوانکراین.

پێنجەم: ئێمە پیرۆزکراین.

ئەم پێنج دابینکراوەی لەسەرەوە باسمان کردن تەنیا ئەو کاتە کاریگەری تەواوی لە ژیانمداندا دەبێت کە شایەتی تاکەکەسییان لەبارەوە بدەین. دەبێت چاونەترسانە باوەڕەکەمان دەرببڕین. دەبێت بڵێین:

بەهۆی خوێنی عیسای مەسیحەوە من لەدەستی شەیتان کڕامەوە. بەهۆی خوێنی عیسای مەسیحەوە هەموو گوناهەکانم بەخشرا. خوێنی مەسیح منی لە هەموو گوناهەکانم پاککردەوە. بەهۆی خوێنی عیسای مەسیح من بێتاوانکرام، ڕاستودروست کرام، وەکو ئەوەی کە هەرگیز گوناهم نەکردبێت. بەهۆی خوێنی عیسای مەسیحەوە من پیرۆزکرام و بۆ خزمەتی خودا دابینکرام. چیدیکە لە ژێر دەسەڵاتی شەیتاندا نیم.

لەسەر ئەو پێنج شتە ڕابمێنە کە بە خوێنی مەسیح بەدەستهاتوون: کڕینەوە، بەخشین، پاکبوونەوە، بێتاوانبوون و پیرۆزبوون. لەو ڕاستییە تێبگە کە ئەمانە ئەوکاتە لە ژیانتدا کاریگەرییان دەبێت ئەگەر هاتوو خودی خۆت شایەتیت لەسەر دان. کاتێک خودی خۆت شایەتیت لەسەر دان ئەوا "لەڕێگەی خوێنی بەرخەکە و وشەی شایەتییەکە" بەسەر شەیتاندا زاڵدەبین.

ئەگەر بمانەوێت لە جەنگی ڕۆحیدا کاریگەر بین ئەوا دەبێت ئەو چەکانەی خودا بەکاربێنین کە بۆ هێرش کردن بەکاردێن. باش نییە کە تەنیا چەکی بەرگری بەکاربێنین و چاوەڕێی خودا بین بێت و ڕزگارمان بکات. ئێمە سوپایەکی داگیرکەرین، نەتەوەکانی جیهان پێگەیشتوون و چاوەڕێی سوپایەکی داگیرکەرن کە بێت و بە وشەی یەزدان داگیریان بکات.

خوێندنی کەسی

پرسیارەکانی خوێندنی تایبەت بە کتێبی "جەنگی ڕۆحی".

(١) ئەمانەی خوارەوە بە وەڵامە ڕاستەکانیان بگەیەنە.

1. دوژمنی ئێمە
2. جەنگی ئێمە دژی خەڵک نییە بەڵکو دژی
3. .... لە جەنگەکەدا تێوەگلاون
4. بنکە سەرەکییەکانی شەیتان لە
5. ڕۆحە پیسەکان دەرکران لە
6. شانشینی شەیتان

a. سەرۆکە بەدکارەکانی جیهانی مردووانە.
b. شوێنەکانی ئاسمانە.
c. ژێر دەسەڵاتی شانشینی یەزداندا.
d. خودی شەیتانە.
e. هەموو مەسیحییەکان
f. تەواو ڕێکوپێکە.

(٢) ئەم بۆشاییانەی خوارەوە پڕبکەوە.

1. دێرک پرنس لەو باوەڕەدایە کە بنکەکانی شەیتان لە ئاسمانی .... (یەکەم، دووەم، سێیەم). لەبەرئەوەی لەم شوێنەی ئاسماندا جەنگ هەیە، هەربۆیە مەسیحییەکان دەکرێت وەڵامی .... درەنگ وەربگرنەوە.
2. کاتێک گەلی خودا و مەبەستەکانی خودا کاریان کرد، ئەوا جەنگی ڕۆحی لە شوێنەکانی .... ڕوودەدات. جەنگەکە .... دەگرێتەوە و .... مەسیحییەکان دەبێتە هۆی هەڵگیرسانی ئەو جەنگە.
3. مێشک مەیدانی جەنگە ڕۆحییەکەیە. بە ڕستەیەک یان دوو ڕستە ڕوونی بکەوە بۆچی شەیتان مێشک بە ئامانج دەگرێت.

....

....

....

....

4. قەڵا شتێکە کە دەبێتە هۆی .... مێشکی مرۆڤەکان و ڕێگە نادات ڕووناکی وشەی خودا لەناویدا بدرەوشێتەوە.
5. ئەو دوو قەڵایەی کە شەیتان بەکاریدێنێت بریتین لە دەمارگرژی و ....

6. ئەو بەرگرییەی کە دەتوانین بەکاریبێنین لەبەرانبەر شەیتاندا لە دوو بەش پێکهاتوون، یەکەم، چەکی بەرگری، دووەم، چەکی …………
7. گرنگترین ئەو ڕاستییەی کە بنەمای سەرکەوتنی ئێمەیە بریتییە لە ……………..، مەسیح پێشوەخت ………….. شکستداوە و هەروەها تاهەتایە بۆ هەمیشە سەرۆکەکان و فەرمانڕەواکانیشی شکستداوە.

(٣) بازنەیەک لەدەوری وەڵامی ڕاست بکێشە.

1. چەکی سەرەکی شەیتان لە دژی ئێمە بریتییە لە:
   a) گوناه
   b) بێباوەڕی
   c) تاوان
   d) کەمی نوێژ
2. ئەم گوناهە چارەسەر کراوە، چونکە:
   a) ڕاستودروستی کلیلی سەرکەوتنمانە
   b) خودا گوناهەکانمانی بەخشیوە
   c) باوەڕمان بە مەسیح هەیە
   d) هەموو ئەوانەی سەرەوە

(٤) بەرپرسیاریەتی ئێمە ئەوەیە کە ………… مەسیح نیشان بدەین و بەڕێوەی ببەین.

ئەمانەی خوارەوە بە وەڵامە ڕاستەکانیان بگەیەنە.

- لە (ئەفەسۆس ٦: ١٠- ١٧) پۆڵس ئامۆژگاریمان دەکات کە بە چەکی تەواوی خودا خۆمان تەیار بکەین. ئەو ڕستانەی خوارەوە لەگەڵ جۆری ئەو چەکانەی کە لە خوارترەوە هاتوون بەیەک بگەیەنە. لەوانەیە پێویست بکات سەیری تێبینییەکانی ناو دەفتەرەکەت بکەیت.

1. باوەڕ و خۆشەویستی دڵ دەپارێزێت. ئێمە ئێستا ڕاستودروستی مەسیحین، بەهۆی باوەڕەوە بە خۆشەویستییەوە هەڵسوکەوت دەکەین. ئەو باوەڕەی کە بە خۆشەویستی کاردەکات بنەمای سەرەکییە.

2. ڕاستگۆیی، دەستپاکی، دڵسۆزی و کراوەیی و بێ پێچوپەنایی.
3. ئامادەیی ئەوەت تێدابێت کە باسی پەیامی کتێبی پیرۆز بکەیت لەرێگەی خوێندن و لەبەرکردنی ئایەتەکان.
4. "هیوای ڕزگاری" دڵ و مێشک دەپارێزێت. هیوا واتە بەهێز و بەبێدەنگ چاوەڕوانی هاتنی شتی باش بین بەپشت بەستن بە پەیمانەکانی وشەی یەزدان (کتێبی پیرۆز).
5. وەرگرتنی وشەی خودا بە باوەڕ.
6. .... بریتییە لە باوەڕی پاراستن و فەراهەمکردن بۆ خۆمان و هەموو ئەوانەی کە خودا بە ئێمەی سپاردووە. ئومێدوار و گەشبین بە.

(٥) بەپێی وەڵامەکانی سەرەوە ئەمانەی خوارەوە هەڵبژێرە.

a. = پێڵاوی ئامادەبوون بۆ ڕاگەیاندنی ئینجیل بۆ نموونە، وەڵامی ئەمە ژمارە (٣)یە.
b. = سپەری ڕاستودروستی ....
c. = شمشێری ڕۆح ....
d. = قەڵغانی باوەڕ ....
e. = پشتێنی ڕاستی ....
f. = کڵاوی ڕزگاری ....

(٦) بازنەیەک لەدەوری وەڵامی ڕاستدا بکێشە.

- بەڕای دێرک پرنسی نووسەر کێ یان چۆن پشتمان دەگرێت لەکاتی هێرشی شەیتاندا؟

a. ڕۆحی پیرۆز
b. هاوڕێ مەسیحییەکانی دیکە
c. کتێبی پیرۆز
d. عیسای مەسیح

(٧) ئەرکی کەنیسە ئەوەیە کە هێرشبکات نەوەک بەرگری بکات. دەبێت شەیتان بیر لەوە بکاتەوە کە ئایا جاری داهاتوو کەنیسە کەی هێرش دەکاتەوە. لەبیرت بێت کە یەزدان لەڕێگەی خاچەوە و لەجێی ئێمە شانشینی شەیتان و فەرمانڕەوا و دەسەڵاتدارەکانی چەک کردووە (ئەفەسۆس ٥: ١٦). بەپشت بەستن بەو نموونە وەڵامەی کە لە خوارەوە هاتووە، بەکورتی لەسەر هەریەک لەو چەکانە بدوێ، هەروەها باسی ئەوە بکە کە بەپێی ئەو هێزەی کە مەسیح پێی بەخشیوی لەکوێدا و چۆن دەتوانی ئەو چەکانە بەکاربێنیت.

ئەو چوار چەکەی کە بۆ هێرشکردن بەکاردێن ئەمانەن:

1. نوێژ:

....

....

....

....

2. ستایش:

....

....

....

....

3. فێرکردن (وازدان):

....

....

....

....

4. شایەتیدان: (نموونە وەڵام) من بە باشترین هاوڕێیم دەڵێم کە مەسیح چۆن ڕزگاری کردووم و یارمەتی ژیانی داوم. پاشان پێی دەڵێم کە چۆن دەبێت نوێژی گوناهبار ئەنجام بدات بۆئەوی ئەویش ئەزموونی سەرڕێژبوونی خۆشەویستی بکات.

(٨) بازنەیەک لەدەوری وەڵامی ڕاستدا بکێشە.

پێویستمان بە .... هەیە تاوەکو بەڵێنەکانی وشەی یەزدان لە ڕۆحماندا کاریگەری هەبێت و وابکات فریشتەکان لەجێگەی ئێمە دەستپێشخەری بکەن و پشتمان بگرن.

a. چاونەترسی
b. چەسپاوی و جێگیربوون
c. نوێژ
d. ڕۆحی پیرۆز

(٩) ئەم بۆشاییانەی خوارەوە پڕبکەوە.

A. جگە لە نوێژ، زار و دەم کاناڵی سەرەکی هاتنەدەرەوەی چەکە ڕۆحییەکانە. .... چەکی بێدەنگ کردنی .... کە .... و ڕۆژ لە ڕێگەی گوناهەوە سکاڵامان لێدەکات.
B. ستایش ئەو کاتە کاریگەری زۆر دەبێت کە .... لەگەڵدا بێت.
C. سەرەکیترین ئەرکی ئێمە ئەوەیە کە .... ڕابگەیەنین و بڵاویبکەینەوە.

(١٠) هێمای (✕) لەبەردەم وەڵامە هەڵەکاندا دابنێ.

کرداری نێردراوان باسی دەرەنجامە سەروو سروشتەکانی وازدانەکی پۆڵس دەکات، ئەوانیش بریتی بوون لە:

ڕۆحە پیسەکان دەرکران. ________

بە سووتاندنی کتێبە جادووییەکان پارەیان دەستکەوت. ________

ئەنجامدانی پەرجوو ________

دەسەڵاتی مەزهەب و دینە درۆزەکانیان لە تەواوی شارەکەدا نەهێشت. ________

(١١) ئەم بۆشاییانەی خوارەوە پڕبکەوە.

ئێمە بەسەر شەیتاندا زاڵدەبین کاتێک شایەتی ئەوەماندا کە وشەی یەزدان پێمان دەڵێت کە خوێنی مەسیح چی بۆ کردووین.

بەهۆی خوێنی مەسیح:

ئێمە کڕاینەوە.

ئێمە ....

ئێمە ....

ئێمە ....

ئێمە ....

وەڵامی پرسیارەکانی خوێندنی تایبەت بە کتێبی "جەنگی ڕۆحی".

(١) ئەمانەی خوارەوە بە وەڵامە ڕاستەکانیان بگەیەنە.

1. d
2. a
3. e
4. b
5. c
6. f

(٢) ئەم بۆشاییانەی خوارەوە پڕبکەوە.

1. دووەمە، نوێژەکانیان.
2. ئاسمان، فریشتەکان، نوێژکردنی.
3. شەیتان مێشک بە ئامانج دەگرێت چونکە لەو ڕێگەیەوە دەتوانێ ڕێگە لە خەڵکی بگرێت کە وشەی خودا و پەیامی مەسیح وەرنەگرن.
4. کوێرکردنی
5. ....
6. هێرشکردن
7. مەسیح، شەیتان

(٣) بازنەیەک لەدەوری وەڵامی ڕاست بکێشە.

1. چەکی سەرەکی شەیتان لە دژی ئێمە بریتییە لە:

c) تاوان

2. ئەم گوناهە چارەسەر کراوە، چونکە:

d) هەموو ئەوانەی سەرەوە

(٤) سەرکەوتنی

(٥) بەپێی وەڵامەکانی سەرەوە ئەمانەی خوارەوە هەڵبژێرە.

a. ٣
b. ١
c. ٥
d. ٦
e. ٢
f. ٤

(٦) بازنەیەک لەدەوری وەڵامی ڕاستدا بکێشە.

b. هاوڕێ مەسیحییەکانی دیکە

(٧) وەڵامەکانت دەبێت تایبەت بن بە خۆت و گشتگیر نەبن. مەبەستی سەرەکی ئەوەیە کە تۆ چۆن نوێژ و ستایش و وازدان و شایەتیدان -کە هەموویان چەکی هیرشکردنن- لە خزمەتکردنتدا و/ یان لە ژیانی ڕۆژانەتدا بەکاریدێنیت.

(٨) بازنەیەک لەدەوری وەڵامی ڕاستدا بکێشە.

c. نوێژ

(٩) ئەم بۆشاییانەی خوارەوە پڕبکەوە.

A. ستایش، شەیتان، شەو
B. وشەی یەزدان
C. وشەی یەزدان

(١٠) هێمای (×) لەبەردەم وەڵامە هەڵەکاندا دابنێ.

بە سووتاندنی کتێبە جادووییەکان پارەیان دەستکەوت. (×)

(١١) ئەم بۆشاییانەی خوارەوە پڕبکەوە.

ئێمە کڕاینەوە.

ئێمە بەخشراین.

ئێمە پاککراینەوە.

ئێمە ڕاستودروست کراین.

ئێمە پیرۆزکراین.

کۆتایی

www.ingramcontent.com/pod-product-compliance
Lightning Source LLC
LaVergne TN
LVHW020657100826
845148LV00012B/2530
9781782633884